I0833926

© NI TAN INSÓLITO UNIVERSO

Cómo la astrología hizo un upgrade a mi vida

Autora: Giovanina Valero

@ninaopina / www.ninaopina.com / info@ninaopina.com

Editora en Jefe: Andrea Vivas Ross

Directora de Arte: Raquel Colmenares Ross
de Become Creative Studio @become_studio

Diseño gráfico: Raquel Colmenares Ross

Corrección de texto: Andrea Vivas Ross

Asistencia de corrección: Bianca Schemel / Iván Chacín

Ilustraciones internas y de cubiertas: Gustavo Rangel / Giovanina Valero

Casa Editorial: Paquidermo Libros *@paquidermolibros*
paquidermolibros@gmail.com

Primera edición: junio, 2023.
Miami, EE.UU.

ISBN: 979-8-9871744-3-2

NI TAN INSÓLITO UNIVERSO

A mis abuelos: Alfredo y Gisela

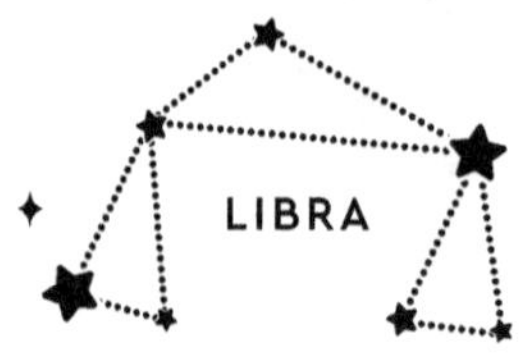

A mi papá y a mi mamá

A mis hermanos: Jotzael, Luigi y Laura

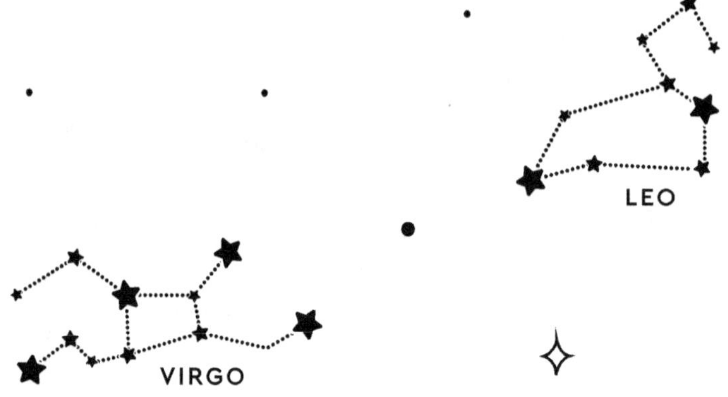

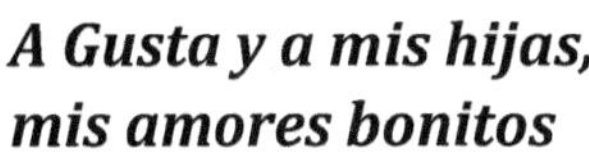

A Gusta y a mis hijas,
mis amores bonitos

A mi #sunshinesquad
que siempre está conmigo

A toda experiencia, a todo lugar que
me ha brindado su energía

A mi capacidad de elegir

Gracias
Gracias
Gracias

ÍNDICE

PREFACIO

Este libro es un triunfo y lo fue desde el momento en que nació la idea hasta lo que hoy veo manifestarse.

Es prosperidad y expansión, y espero que lo sea para ti también.

Es el testimonio de que la astrología y el amor han sido claves en esta mejor vida que tengo hoy; en mi transformación y en el descubrimiento de lo que soy y quiero ser.

Este libro honra mi vida, mi familia, mi camino y mis recursos más valiosos: mis experiencias y energía.

La astrología, lo esotérico, lo místico y espiritual siempre estuvo presente en casa. Se sabía del horóscopo así como de arcángeles; se hablaba de barajas gitanas, y si conversabas con mi papá, podías conocer también de la religión Yoruba.

El amor también estuvo siempre presente, quizá de forma poco convencional si hablamos de las etiquetas y del deber ser, pero siempre estuvo en mi vida, aún cuando yo me negaba a verlo.

INTRODUCCIÓN

BIENVENIDOS A MI *NI TAN INSÓLITO UNIVERSO...*

Uno que solo quiere mostrarte que conocernos es valioso, de hecho, es el primer paso, que si bien no te lleva a donde quieres, sí te saca de donde estás; que es como hacerle un *upgrade* al *software* de tu vida.

Uno en el que día a día trabajamos con paciencia, compromiso, amor, constancia y compasión para ser mejores. Uno en el que disfrutamos el camino con todo y sus baches.

Uno que busca inspirarte, porque si yo pude sobrevivir a un posparto con duelo y piojos, tú también puedes.

Este libro, este ***Ni tan insólito Universo*** viene a contarte, sin juicio y con humor, que hay herramientas en las que podemos apoyarnos en momentos de oscuridad, de incertidumbre, de transformación.

Y la astrología es una de ellas.

Espero que todo lo que encuentres aquí te traiga la certeza de saberte merecedora y de saber que en la vida todo pasa.

Somos capaces y muy valientes, y si sueñas y fantaseas con algo, lograrlo está al otro lado del miedo.

Vamos de la mano con nuestros ángeles, guías y maestros, a romper techos de cristal que por años nos han limitado.

"Un libro abre otro".

CARL JUNG

PARA PONERLO TODO EN CONTEXTO...

Tenemos que ir a Caracas, 2012. Ese fue el año del cambio.

Viví una relación amorosa, o mejor dicho, fui un recurrente y seguro *#bootycall,* pero me negaba a creerlo, y obvio, lo disfrazaba con cualquier "detallito".

Seguro te suena familiar, todos hemos estado ahí, en esa situación de desventaja por gusto propio —a veces pareciera que hasta por gozo—. Esa relación en cuestión fue intensa y dolorosa, pero me mostró el poco amor y valor que yo me tenía, lo cual fue muy difícil de ver.

[De aquí nace el cuento de la bolsa negra, del que hablaremos más adelante].

La relación era con "el ecológico", así lo bautizaron mi papá y mis amigos. Físicamente era un 10, sobre todo en estándares surfistas, pero este detestaba que mis amigos fueran, en su mayoría, hombres, y pretendía que yo dejara la fiesta, situación que me caracterizaba en ese entonces —incluso hoy lo sigue haciendo—. Un hombre al que le gustaba controlar, y yo, en aquel momento, una mujer con ganas de que la controlaran, porque yo confundía eso con amor.

El asunto no solo era lo que él demandaba, sino cómo lo hacía y lo caradura que fue al estar con alguien más y exigirme tanto. Me trataba como si yo estuviera mal por vivir mi vida, pero él sí estaba bien al hacerlo.

¡Hey! Y ese alguien más era mi persona, pues yo era la que sumaba tres a una relación y no lo sabía. Lo supe en una de esas salidas con "mis amigotes", cuando un viernes por la noche, tomando en mi calle, alguien mencionó que "el ecológico" estaba en Panamá visitando a Sutanita.

Luego de esto, lógicamente me puse mi traje de FBI, le averigüé la vida a Sutanita y descubrí la vida en común que habían tenido hasta entonces. Ese mismo día, también le dije sus cuatro vainas a él, por teléfono y de madrugada, bien alicorada y en compañía de mis amigos que él tanto detestaba.

Cuento largo-corto, ese romance con el ecológico, ya en sus últimas, tuvo un pico emocional para ambos... Yo tuve ciertos malestares y fui a hacerme un examen de embarazo que dio positivo.

¡Sí! ¡Así mismo!

Con mucho asombro recibimos esa noticia, y cuando fui adonde mi amada Dra. Ruth —que un par de años después llevaría mi embarazo de Padme— me hizo un eco en el que no encontraron nada.

Me hicieron más exámenes de sangre y salieron alterados. Todo indicaba que sí había vida dentro de mí, pero no era así.

Se llama *embarazo bioquímico.* Es un embarazo normal, sin embargo, se produce un aborto espontáneo antes de que se pueda ver algo en el útero. El único hecho que confirma el embarazo es la reacción química que hace que la prueba sea positiva.

Este fue el punto en el que me derrumbé y entendí que necesitaba estar lejos de todo un tiempo. No me hallaba y no entendía nada de lo que estaba viviendo.

Yo siempre había querido ser mamá y no eran las condiciones ideales, porque obviamente la otra parte estaba más que indispuesta con esa noticia. Recuerdo habernos reunido una mañana, bajo el toldito de un centro comercial, y haber recibido la reacción más fría del mundo, de parte de alguien con quien pude haber quedado vinculada para siempre.

Fue una mirada que decía algo así como "qué ladilla tú metiéndome en este peo". En realidad, era un balde de agua fría tener que procesar todo aquello, pues, de alguna forma, me hacía sentir culpable.

Me sentía enferma, sentía que algo estaba mal en mí y que ese "algo" me podía quitar eso tan lindo que quería lograr a futuro.

Todo esto pasó en el último trimestre del 2012; digamos que el merequetengue empezó a mediados de ese año y el clímax fue a inicios de diciembre.

Después de semejante sobresalto, tomé vacaciones. Familia y playa fueron la receta perfecta para un *recovery.* Así que me fui a pasar las vacaciones de navidad con mi familia en Lecherías, Venezuela.

Necesitaba tanto tanto ese tiempo de recarga en familia, consentida y amada. A solas, escuchándome, entendiéndome.

Volví a Caracas a inicios de enero y ahí ocurrió la magia. En todo sentido.

A inicios de 2013, al regresar de ese viaje sanador, me puse seria con los estudios, compré unos libros, empecé a estudiar sobre astrología y a sacar mi carta astral. A familiarizarme con ella, a entenderla.

Y a entenderme.

Esa seriedad en el estudio también incluyó la kabbalah, un sistema de pensamiento que ha cambiado mi vida, y del que también hablaremos más adelante.

A la par, empezó el amor con Gustavo, mi esposo.

Abrir la puerta al autoconocimiento fue abrirle la puerta a ese amor que siempre quise. Un amor que ha ido creciendo como la astrología en mí.

Y un amor que se ha fortalecido mucho gracias a todos esos conocimientos astrológicos que he adquirido e integrado; que comparto con mi pareja para, día a día, vivir en plenitud y expansión, en estado de *flow,* por más que suba la marea o el mar se pique.

Ha pasado tanto desde esos días, he podido comprender mucho de mi vida y de la vida de quienes me rodean. He aprendido a valorar y agradecer, así como también a actuar e incluso a callar —difícil para mi luna en Géminis ♊ —.

Y todo eso empezó a generarse cuando entendí mi carta natal. Ahí se encendió el bombillo, todo hizo clic y encajaron las piezas.

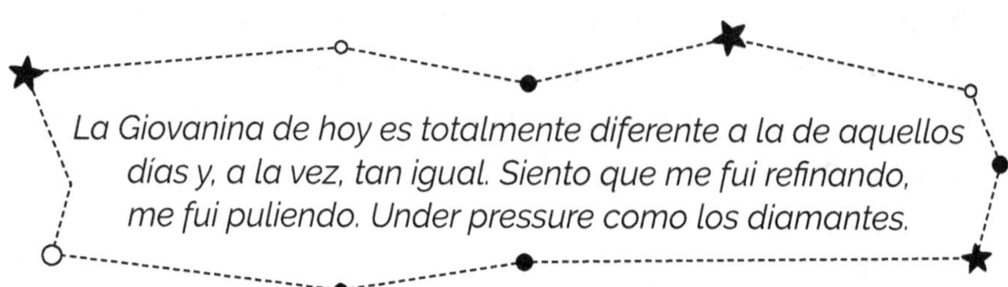

> *La Giovanina de hoy es totalmente diferente a la de aquellos días y, a la vez, tan igual. Siento que me fui refinando, me fui puliendo. Under pressure como los diamantes.*

Esa foto del cielo, al momento de nuestro primer respiro, es el mapa que nos lleva a vivir nuestro propósito, a revelar nuestra luz. Gracias a ella entendí que vivía determinada bajo ciertos patrones porque mi lugar seguro era el caos, la frustración y el conflicto.

Mi adolescencia la viví adicta a eso, siempre mal encarada y molesta, siempre dispuesta a pelear. Es difícil quitarse ese gusto por el *rush* de buscar lo malo en todo.

Eso lo comprendí muchísimo después, así como comprendí que vine a esta vida a ser/hacer balance entre trabajo y hogar. A experimentar la importancia del valor en muchas experiencias, mayormente ligadas a recursos, dinero y autoestima.

Que vine a abandonar el apego al poder y el estatus, porque en otra vida me entregué a ellos dejando a un lado el valor que otorga la familia, el hogar y quienes me acompañaban.

¿Cómo lo supe? Pues un día de esos de estudio, me tocó aprender sobre los nodos lunares del karma y *kaboom!,* allí volví a entenderlo todo.

LA ASTROLOGÍA KABBALÍSTICA Y LOS NODOS LUNARES DEL KARMA

EPISODIO I

*"Para que venga lo mejor,
lo bueno debe hacerse a un lado".*

CARL JUNG

Mi acercamiento a la astrología fue a través de la rama cabalística. Ese fue el punto de partida del viaje que apenas iniciaba en el 2013, año en el que realmente entré en contacto con mi espiritualidad y decidí indagar más en eso de la astrología, sus usos y sus aristas.

Digamos que nunca me convenció el hecho de que resumieran la herramienta solo a un horóscopo, y de ese cuestionamiento surgieron estudios, más conocimientos y más conexiones entre vivencias y mi carta astral.

Me fui reconociendo en ella, pero siempre bajo la lupa de la *kabbalah,* dando correlación entre signos, meses, energía, el árbol de la vida y muchos más elementos.

La ***Kabbalah*** es un sistema de pensamiento que plantea que para recibir luz debemos ser luz. Se centra en ser cada día mejores personas, permanecer conectados con nosotros mismos, estar conscientes de la vida y dejar de actuar como si fuéramos robots o máquinas siguiendo un patrón de conducta.

Es una filosofía de vida que nos señala que aquello que vemos representa apenas el 1% de nuestra realidad, por eso es que muchos piensan que su existencia no tiene sentido o carece de causalidad.

¿La razón?

La limitada capacidad que poseemos los seres humanos para ver el 99% restante de la realidad, donde están todas las cosas que nos hacen falta, es decir, la fuerza vital que ayuda a disfrutar una vida plena.

Es una sabiduría casi tan antigua como el hombre. Fue revelada por Abraham, entregando los conocimientos necesarios con el fin de "desarrollar la capacidad para ver", así como también conectarnos con la vida que deseamos.

Es una ciencia espiritual que proviene del hebreo *lekabel* que quiere decir "recibir".

La *kabbalah* nos enseña que venimos con un equipaje kármico de vidas pasadas, con temas todavía por aprender, o que aún no hemos manejado adecuadamente; todo aquello que nos resulta incómodo o difícil de llevar, lo que nos impide traer la luz eterna de la plenitud, y entender qué debemos enfrentar.

Dentro de este sistema de pensamiento encontramos el *tikún,* palabra que en hebreo quiere decir "propósito" o "corrección de nuestra alma".

El ***Tikún*** es una cadena de experiencias en donde todo tiene su orden. Una cadena minuciosamente planificada antes de nuestra llegada a este mundo terrenal, y que tiene un sentido perfecto. En ella no hay casualidades sino causalidades.

Es necesario reconocer nuestro *tikún,* que es identificar nuestro bagaje del pasado, así como nuestro propósito en esta vida. El compromiso debe ser corregirlo hacia el rumbo con el cual nos identifiquemos.

Podemos tener, entre muchos otros, un *tikún* con el dinero, la salud, nuestras relaciones, nuestra familia, etc., y es clave dejar de sentirnos víctimas para convertirnos en verdaderos generadores de nuestra realización evolutiva.

En la carta natal, el *tikún* hace referencia a los nodos que, con sus dos polos diametralmente opuestos, cual brújula, identifican y guían el destino de nuestra alma.

Los nodos son unos puntos matemáticos que indican evolución y repetición en nuestra carta natal. Puntos que, cuando son estimulados, conectando con cuerpos celestes, nos sacuden y nos halan hacia la evolución.

Su significado bajo la perspectiva de la *kabbalah* es increíble y, para mí, es de lo más fascinante que tiene la astrología.

El Nodo Norte se refiere a nuestro futuro y su camino; es nuestro punto de evolución. Y el ***Nodo Sur,*** con el equipaje acumulado de nuestras experiencias de vidas pasadas, es lo cómodo, lo fácil, el desagüe por el que debe irse todo lo que impide nuestra evolución.

Yo nací con el nodo norte en Tauro, primer signo de tierra, energía de estabilidad y la seguridad material; esto va desde lo físico hasta el dinero. Pero Tauro es también energía de apego a todo lo que genera esa sensación de estar seguros.

Mi nodo norte está en la casa 4, la casa del hogar, de la familia. Por lo que mi evolución viene ligada a esos temas, sin embargo, no debemos endiosar el nodo norte porque a veces crecer, evolucionar y expandirse puede ser incómodo, este nodo sacude cuando se hace sentir. No es que sea feo o bonito, simplemente que, en algunas ocasiones, vivirlo puede ser más fluido y en otras puede generar mucha resistencia, porque se siente como cambios impuestos, ¡que ni tan impuestos resultan!, si lo piensas bien.

En el lado opuesto de ese nodo norte nos conseguimos con el nodo sur, ese desagüe por el que debe irse todo lo que nos estanca e impide nuestra evolución natural.

Nota: siempre conseguirás el nodo norte en la casa opuesta, en su signo complementario, son dos energías que se potencian.

El nodo sur es una zona muy cómoda y conocida para nosotros, que no por eso tiene que ser buena. Representa todo lo que viene con nosotros, eso que se nos da muy fácil ser.

Sabiendo esto, ya podemos sacar algunas cuentas sobre mí. Si te digo que nací con el nodo sur al ladito de mi Sol en Escorpio (complementario de Tauro) y muy cerca de mi Plutón en Escorpio, quiere decir que me es muy natural vibrar la sombra de esa concertación energética, muy afín y poderosa.

Obsesión, ganas de poder, manipulación, por nombrar algunos. Todo esto potenciado por el nodo sur y ocurriendo en mi casa 10, la casa del trabajo, el éxito y la vida profesional. Esa que se ha transformado muy profunda y evidente, en especial desde el 2020.

Con esta información, para mí fue más fácil fluir en ese momento de crisis mundial, de miedo e incertidumbre, en el que todo estaba cambiando. Durante ese entonces, yo veía mi carta y decía "estoy viviendo la energía de esa circunstancia particular" porque esta vez no se trataba de hacer clic con lo que ya se había vivido y de lo que se tenía referencia.

¡Nada que ver!

Esto era nuevo y estaba viendo que la vida me ponía más en el hogar y menos en el trabajo, así como para que no me quedaran dudas de cómo es la cosa. Para ponerme a prueba ante mis mayores miedos y resistencias. Porque eso es lo que genera el quedarse en casa y apagar por completo el suiche del trabajo, sobre todo en alguien que venía haciendo lo contrario desde muy joven.

Habiéndote explicado un poco de mi vida bajo la óptica astrológica, vayamos al meollo del asunto y empecemos.

"Nacemos en un momento determinado,
en un lugar determinado y, como las añadas de vino,
tenemos las cualidades del año y de la estación
en que nacemos. La astrología no pretende nada más".

CARL JUNG

VIVIENDO LOS NODOS

EPISODIO II

"No es pobre el que tiene poco,
sino el que mucho desea".

SÉNECA

Cuando les hablo de vivir los nodos, les hablo de vivir y experimentar la energía de estos y del signo donde están.

Mis nodos están en Tauro (nodo norte) y Escorpio (nodo sur), un eje nodal que habla de la energía de tener y entregar, de apego, de seguridad material, pero también de obsesión, de experiencias transformadoras e intensas. Este mismo eje nos habla de recursos, finanzas, autoestima y valoración. De la vida y la muerte. Sobre todo, a nivel psicológico.

A mis 15 años tuve esa primera muerte psicológica y también un renacimiento. A esa edad pasé de ser esa amiguita que los fines de semana tomaba un avión para ir a Margarita, a ser la amiguita que no tenía para comprar comida en la cantina, ni tampoco para salir al cine o a un concierto.

Mi vida cambió muchísimo y, mirando atrás, siento que, sin dudas, fue un momento que corresponde perfectamente a lo que vive alguien nacido bajo ese axis nodal. A una edad en la que la seguridad material es muy importante, pero no depende de ti. Y yo perdí la que me cobijaba.

Yo era una adolescente rebelde y no quería estar en mi casa, por eso siempre andaba con una mochilita por ahí. El día que se cayeron las Torres Gemelas, me desperté en casa de mi amiga Rosa. Ese era mi espacio de esparcimiento durante la temporada vacacional; de ahí tenía que ir a mi casa para buscar ropa y algunas cosas. Recuerdo que las noticias solo hablaban de eso, un atentado en Estados Unidos que causó conmoción en el mundo entero. En las noticias globales únicamente se veía la foto de las torres, el humo y el caos.

Luego, cuando llegué a mi casa, me encontré con esta noticia: "se perdió el apartamento". Me cayó un balde de agua fría... Era la consecuencia de la ludopatía de mi padrastro.

Esto que sucedía no era algo aislado. Yo tenía rato viendo que muchas cosas de la casa se iban, los pleitos por la economía aumentaban, y la cartera, que solía llegar repleta de billetes, ya no lucía así.

Clemente, mi padrastro, era todo un hombre de negocios, proveniente de Martinica, de ojos claros, elegante y hablaba francés. Un hombre que fue mi papá por años y al que siempre recuerdo con amor. Con él vi, de primera mano, lo que era tener un negocio propio; conocí de fluidez monetaria y también del despilfarro y sus consecuencias.

Y es que nosotros vivíamos en un apartamento en Caricuao que por dentro estaba completamente remodelado y con todo de última generación —la de ese momento—. Recuerdo que vivimos mucho tiempo en el hotel El Pinar de El Paraíso, bueno, mi mamá, Clemente y mi hermano Jotzael, porque yo estaba en Montalbán, mi lugar favorito, mientras remodelaban el apartamento.

En resumen, ese 11 de septiembre todo cambió también para mí al recibir la noticia del apartamento. Recuerdo que justamente me habían inscrito en el Mariano Picón Salas, un colegio en Montalbán, así que mi mamá me dijo: "ve a hablar con tus abuelos y tu papá, porque nosotros nos vamos a Valencia". Y así, en medio de ese caos, en medio de mi propio derrumbe emocional, me fui a Montalbán a tocar la puerta de mi lugar favorito, mi espacio sagrado.

Llegué a casa de mis abuelos a pedir ese chance, a explicar la situación. Y no me dijeron que no, simplemente me dijeron que las cosas no serían como en casa con mi mamá. "Me leyeron la cartilla completita", como decimos en criollo, dejándome saber que habría condiciones, deberes y derechos. Asimismo, me dejaron saber que habría amor por montón, que lo básico estaría, pero que no habría grandes lujos, más allá del jamón serrano, las galleticas *Chip a cookie* o la revista *Tú* que me podían comprar los viernes.

Yo solo pensaba en que por fin volvería a mi lugar favorito. No había caído en cuenta de que había pasado de tenerlo todo a tener nada. Aunque yo miro hacia atrás y siento que fue el primer momento en el que me enfrenté a mi nodo norte en Tauro, a ese temor que me daba solo de pensar en generar mis propios recursos.

Fue una experiencia en la que todo lo que yo valoraba se transformó. También fue el momento en el que mi ascendente Capricornio empezó a brillar y a encontrar su voz en mí.

La energía capricorniana es de emprendimiento y constancia. Yo fui descubriendo que vender se me daba bien. Invertía y siempre estaba vendiendo algo, y hasta el sol de hoy es así.

Ver cómo todo se mezcla y entrelaza; cómo mis vivencias y experiencias son una mixtura entre las energías de esos signos; ver cómo toda nuestra realidad es reflejo tangible de esa foto del cielo al momento de nuestro nacimiento —de nuestra carta astral— es realmente mágico.

Y esto suele ir cambiando, algunas veces somos el reflejo de unos aspectos más que otros, pero siempre los tránsitos impactan emplazamientos natales que nos demuestran que el dinamismo distingue esta herramienta.

En la astrología, así como en la vida, nada es estático.

Han sido unas cuantas las veces en las que el Universo me ha empujado a aprender lecciones en cuanto al valor y los recursos, enfrentándome a mis mayores miedos, por ejemplo, el de perder todo lo que poseo.

Generar, invertir, ahorrar, producir, son algunos términos muy presentes en la vida de quienes, como yo, tenemos nodos en Tauro y Escorpio. Es importante reconocer nuestros puntos ciegos en cuanto a estos temas. Estar conscientes de si somos de naturaleza despilfarradora y en qué despilfarramos, por ejemplo. Este patrón tiene mucho que ver con el saboteo de empujar a situaciones extremas y transformadoras, algo muy característico de la energía Escorpio.

O, por el contrario, nuestra tendencia puede ser hacia el apego, al malsano apego a lo material, ese en el que tus posesiones te terminan poseyendo, definiéndote ante tus ojos.

La educación financiera es vital para todos, pero, en especial, para los nacidos bajo este eje nodal.

No ha sido fácil aprender e incorporar, al punto de hacer de esto un hábito, un estilo de vida, pero vamos conscientes y estamos haciendo el trabajo.

EL CUENTO DE LA BOLSA NEGRA Y UNA VENUS HERIDA

EPISODIO III

"Ser dueño de nuestras historias
y amarnos a nosotros mismos, a través de ese proceso,
es lo más valiente que jamás haremos".

BRENÉ BROWN

Este capítulo es una lección de lo importante que es el valor, ese que nos damos y damos a otros. Ese que está íntimamente relacionado con nuestra autoestima y, por ende, con nuestro merecimiento.

Es un jalón de orejas por todas las veces que nos pusimos de último para complacer un amor. Por todas las veces que traspasamos nuestros propios límites por temor a perder.

¡Y dígame eso! A perder una vaina que ni nuestra es.

El cuento de la bolsa negra es protagonizado justamente por esta servidora y "el ecológico", y no es más que un recordatorio de lo importante que es reconocer nuestro valor y movernos desde ahí.

Nos vamos de nuevo al 2012. Creo que ya había pasado mi cumpleaños, esto coincide cronológicamente con el momento clímax que les conté al inicio. Para esa época, ya teníamos meses en ese merequetengue y en mi casa sabían el patrón de la relación. Ese que te indica por dónde va la cosa, si aún no le han puesto nombre o etiqueta.

Yo vivía con los lentes del engaño puestos, creyendo estar en una relación cuando nada que ver. Sin embargo, mi padre, que era un lince y no se le escapaba nada, tenía rato tomando nota del patrón de este bochinche. Él ya me había hecho algunos comentarios, pero nunca nada tan certero y tan punzante como esa vez. Y miren que a mi papá no le costaba nada hablar clarito, tal como a la gente no suele gustarle. Incluso, a veces, era demasiado escatológico para mi gusto.

No recuerdo mucho si yo iba a salir o estaba llegando, pero recuerdo claramente a mi papá diciéndome: "Giovi, ¿tú no te has dado cuenta de que el ecológico nada más te llama en la noche y te saca de aquí 'envuelta en una bolsa negra' para c*g*rte y ya?". El tono de voz era así como que *¡coño, pana, date cuenta, vale!* Básicamente, un tono de voz de desespero como cuando no hayas qué hacer para que el otro vea el rollo en el que está metido.

Me impactó mucho escuchar así a mi papá. Él siempre me hablaba claro, y esta vez no era la excepción, pero había algo diferente en su voz, en su expresión. Había como decepción y preocupación. No era el típico tono de regaño. Definitivamente, fue un llamado de atención, uno de esos que, ahora que soy madre, entiendo puede ser mucho más impactante que un grito, regaño o recriminación.

Fue la oportunidad para verme al espejo y aceptar que estaba dejando todo afuera, que no había valor en mí porque yo creía que eran otros los que me lo debían dar. Me resultó muy difícil aceptar que yo no me estaba queriendo, me sentía vacía y me intentaba llenar con lo erróneo. También reconozco que fue duro darme cuenta de que me había anulado por temor a perder a alguien, cuando realmente me estaba perdiendo a mí.

Agradezco que así haya sido porque pude tocar fondo, y de una forma mega transformadora como lo leyeron al inicio. Fue un momento muy oscuro que antecedió a la luz más linda que he visto en mi vida.

El camino hacia el amor propio siempre es así, intrincado y complejo, sobre todo al principio, cuando vas entrando en consciencia de lo que vales y de lo mucho que quizá se te ha olvidado.

La claridad y el compromiso que buscamos en relaciones empieza con nosotros mismos, saber a dónde queremos ir con esa relación, qué queremos de ella, qué somos capaces de negociar y qué no, qué valoramos o no, son claves en este proceso.

Nada hay que podamos dar si no lo tenemos. No es posible dar amor a otros, si no somos capaces de amarnos primero.

Mi vida amorosa proyectaba mi caos interno prolongado. Fue bastante inestable e intensa hasta el 2012. Fueron muchas las veces que me expuse a situaciones y relaciones que me dejaban en completa desventaja.

Mirar hacia atrás y ver eso, solo reafirma mi propósito de compartir mi historia, para mostrar que sí se puede trascender esa etapa de calamidad en el amor. Y para hacerlo, debemos empezar por amarnos incondicionalmente sin que esto implique aplaudirse sinvergüenzuras.

Todo esto es el reflejo de una Venus herida, de esa energía venusina que está presente en todos, mujeres y hombres, y que cuando no está integrada, se vive así, desde el desorden emocional, repleto de altibajos.

Porque vibramos más energía masculina, esa que no para y que solo busca hacer, sin comprender lo importante y vital que es ser capaz de recibir, ser capaz de relajarse y fluir. Eso trae como consecuencia que vivamos en una promiscuidad que, algunas veces, se hace tanto física como emocional.

Trabajar la energía venusina empieza en cosas tan simples como permitirte ser paciente ante la espera de que alguien haga algo que le corresponde, aunque quieras salir corriendo a hacerlo tú.

Suelta el afán de control, de querer hacerlo todo siempre.

Déjate ayudar y ábrete a recibir.

"No podemos estar tan desesperados por recibir amor como para olvidarnos de dónde lo encontramos siempre; adentro".

ALEXANDRA ELLE

2013 SANANDO Y TRANSFORMANDO A VENUS

EPISODIO IV

“Quiérete lo suficiente como para poner límites.
Tu tiempo y tu energía son preciosos.
Tú eliges cómo utilizarlos. Tú enseñas a la gente cómo tratarte
decidiendo lo que aceptarás y lo que no”.

ANNA TAYLOR

Ese amor bonito que todos nos merecemos, ese que yo perseguía y que cuando dejé de buscar, finalmente llegó. Ese que hoy me acompaña y quiero que lo haga siempre.

Gustavo y yo nos conocíamos, pero cada quien andaba en lo suyo, hasta enero de 2013. Yo volví de mi viaje familiar, ese que marcó el inicio de la sanación y la transformación. Tenía tiempo alejada y quería ver a mis amigos de SP (Simbiosis Perfecta, un *crew* de graffiti).

Óscar y Rogers, mis amigos de la Escuela de Arte, hermanos escogidos, me dijeron para vernos en la tienda de “Gucci” —alias rapero de mi esposo— así que acepté.

Me quedaba cerca del trabajo y que ellos estuvieran por Caracas, con tiempo disponible, era un logro, así que me fui a la peluquería al mediodía, me puse linda, y en la tarde me fui a ver a mis amigos.

Yo siempre había sido fan de la calva artificial de Gucci (ja, ja, ja), y ese día me llevé una sorpresa al ver que Gustavo —que nunca estaba allí— sí estaba esta vez, así que disfruté su presencia a modo de colirio para mis ojos.

En esa oportunidad, hubo un detallazo que me dijeron al rato de estar allí, y es que ya Gucci estaba soltero también. ¡Y yo ni hablar del peluquín! Así que Rogers me dijo: "invítale una cerveza que ya está soltero". Inmediatamente le dije y su respuesta fue "vamos".

Nos fuimos todos a la terraza del centro comercial donde estaba su tienda. Entre birras conversamos un montón de todo lo que nos gustaba, nos reímos, bromeamos y llegaron otros panas. Las birras y risas siguieron.

Así pasó la tarde. Hasta que tocó cerrar la tienda y ahí la decisión de qué hacer. Yo con cero ganas de irme a mi casa, como era de esperarse, y todos embochinchados, nos fuimos a San Antonio. Yo llamé a mi papá para avisarle que estaba con los muchachos y que la fiesta seguiría —eso no era raro en mí—.

Nos fuimos a casa de Inés, no era mi amiga, ni la conocía, pero terminé cocinando granjeros en su casa esa madrugada. Llegaron más panas, llegó el anís, en fin, tomadera de fotos y por ahí el primer beso que nos dimos, que, si mal no recuerdo, fue en el lavandero de esa casa.

Salimos de casa de Inés ya amaneciendo, y sí, me fui a su casa, y dormimos juntos un rato. Me llevó a la mía y de ahí empezó la conquista vía pin —cuando todos teníamos Blackberry—. Hablábamos siempre. A los días, me invitó al cine porque estaban pasando una película de Tarantino, *Django.*

Me buscó en mi casa el 23 de enero, por la tarde, y me llevó un chocolate. Yo no fui a trabajar ese día para ponerme linda para mi cita, en la que, por primera vez, comí sushi mientras veíamos un juego de béisbol entre Caracas y Magallanes.

Cita que me cambió la vida de la mejor manera posible.

No es que desde ese día hasta hoy no haya habido obstáculos, diferencias o pleitos, los hemos tenido y muchos, pero siempre la risa, el amor, lo bonito, la constancia y las ganas de compartir la vida han pesado más, han sido más poderosas.

Recuerdo mi primer brote psico Escorpio (ja, ja, ja). Un par de días después de esa cita en el cine, él cambió la foto y mensaje de su perfil en el teléfono, y yo entré en pánico preguntándome quién era esa Loly a quien él le deseaba feliz cumpleaños. Pues resulta que esa Loly es mi cuñada.

Los celos siempre esconden una falta de seguridad increíble. Suelen ser la cicatriz de muchas heridas no trabajadas; pero el amor y la voluntad sanan.

Después de 10 años y dos hijas, nos seguimos amando y riendo más que en aquel entonces. Ambos creciendo en consciencia individual y de familia.

Ambos sabemos la importancia de la comunicación, pero de la comunicación desde la calma y no desde la herida, y esto es muy importante, porque hablar desde el dolor nunca jugará a favor de la relación, todo lo contrario.

Aprendimos a darnos espacio y retirarnos de la escena antes de causar daños irreparables. Esa es la mayor lección que como pareja podemos contar a otros para que su amor sea duradero. Eso, y que siempre haya espacio para el romance.

Así que si tú aún no tienes tu amor bonito, no desesperes.

Empieza amándote bonito, tal como quieres ser amada, entendiendo tu valor y dejando claro lo que quieres en una relación. ¡Importante! Ten la capacidad de irte si no sientes correspondencia entre lo que tú das y recibes.

Te dejo esta cita que, para mí, resume a la perfección lo que pasó en mi vida amorosa ese año. Es una frase que siempre ha resonado mucho con esa etapa de mi vida.

"As soon as you stop wanting something, you get it."

ANDY WARHOL

ESCORPIO Y SU RELACIÓN CON LA MUERTE

EPISODIO V

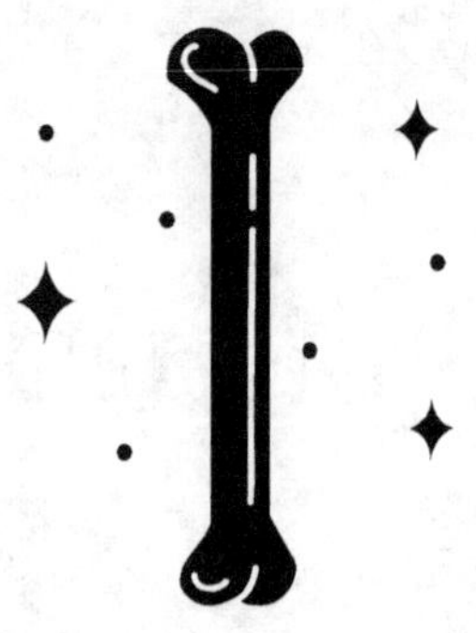

"Después de todo, la muerte es solo un síntoma de que hubo vida."

MARIO BENEDETTI

ENERGÍA CASA 8

De mis épocas más creativas, de esos días en la Escuela de Arte, me queda el uso de la metáfora para hablar de sentimientos.

Estudié en la Escuela de Artes Visuales Cristóbal Rojas, una escuela de arte increíble en todo sentido. Durante el segundo año tuvimos al que, mis amigos y yo, siempre recordaremos como el mejor profesor de todos los tiempos. Audaz, transgresor, muy claro. Macjob Parababis era nuestro profesor de Historia del Arte Contemporáneo, y cada semana nos daba una palabra que teníamos que convertir en una obra. Una pintura, una instalación, un performance, lo que quisiéramos.

Cada semana esperábamos ansiosos esa clase y el reto que supondría. Un día llegó el turno de la palabra **vacío.** Yo no hallaba qué hacer, y entre mucho pensar y conversar, surgió el tema del duelo, una situación que genera un vacío inmenso.

Le daba vueltas y vueltas al asunto. Y Siempre llegaba a lo mismo, era más fácil hablarlo, pero en la práctica era tan difícil.

En la casa había muchas figuras y adornos. Recuerdo una mesita pequeña, era como de la sala de la Barbie, pero de madera. Sobre ella reposaba un venadito que era un termómetro y cambiaba de color con el frío o calor, incluso si venía la lluvia.

Al verlo pensé en cómo el venadito se sostenía y reposaba tranquilo en ese lugar. Justo ahí entró la metáfora en acción. Esa mesa era la que me sostenía: mi abuela, mi abuelo, mi papá y mi mamá, cuatro pilares. Cuatro patas de la mesa. Sin que mi abuela supiera, agarré la mesita y le rompí una pata. Lo monté en una base redonda de goma espuma y lo presenté.

Era el vacío que me había generado la muerte de mi abuelo; un asunto reciente en esa época, y que había impactado todo mi trabajo creativo, toda mi vida.

Mi abuelo fue mi papá por mucho tiempo. Se fue estando yo muy joven y no logré expresárselo, pero no hay día que no le agradezca su amor infinito y todas sus enseñanzas.

Este episodio también me enseñó que mi expresión y mis formas siempre serán creativas; que podía ser recursiva, empezando por mi imaginación, para luego apoyarme en mis manos y lo que con ellas puedo crear.

Con todo esto, me quiero referir a la labor que hacemos trabajando las casas 4 y 5 de nuestra rueda zodiacal, la importancia de la energía del hogar y cómo influye en nuestros dones y talentos, en lo que somos capaces de crear.

En la astrología hay dinamismo y continuidad. Cada casa da base a la siguiente, al igual que cada signo.

Para mí, la casa 4, que representa hogar, estabilidad, familia, raíces, tiene total correlación con lo que desarrollamos en la casa 5, que representa nuestros dones y talentos, lo que enciende nuestro corazón.

El detonante de una creación artística en aquel momento fue la muerte de mi abuelo, pero, si lo pienso detenidamente, no ha habido proceso creativo en mí que no haya venido influenciado por lo que viví, sentí y experimenté en casa. Colores, temas, texturas, sabores, la familia siempre ha sido inspiración y motor.

Mucho de lo que enciende tu corazón ya está en tu camino, y te da la clave de lo que puede sostenerte y ayudarte en tiempos difíciles.

Explórate, date tiempo y observa, incluso cuando pienses que no hay tiempo para nada de eso.

Para quienes tienen mucha energía Escorpio, o en la casa 8, no existe tabú en la muerte; parece que sabemos desde siempre que es parte de la vida, que duele y transforma.

Y que hay veces que es más psicológica que física.

"Descubrí que podía decir las cosas con colores y formas, cosas que no podía decir de otra manera porque no encontraba las palabras".

GEORGIA O'KEEFFE

ESPEJOS Y EXPECTATIVAS. CONOCIENDO A QUIRÓN

EPISODIO VI

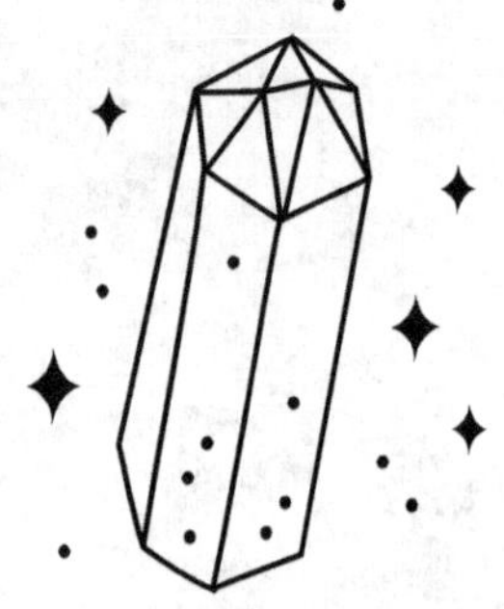

"En cada uno de nosotros hay otro a quien no conocemos".

CARL JUNG

Por ahí dicen que lo que nos choca, nos checa; que lo que nos molesta del otro lo tenemos muy arraigado en nosotros. Y en muchos casos creo que es así. Creo que hay energías tan similares que se repelen cuando se vive en total desconexión e inconsciencia.

Y aquí les cuento acerca de un incidente que es reflejo de esto.

La noche de Halloween de 2014 —una noche antes de mi cumpleaños 29— explotó una olla de presión. Un incidente familiar con alguien que, de alguna forma, empezaba a ser mi familia, un valor agregado por parte de mi esposo.

Fue un momento acalorado en el que afloraron sentimientos, posturas, opiniones, de una forma explosiva, de una forma que solo destruye. Y por mucho tiempo así se sintió el vínculo para todos, destruído. Con la interacción necesaria y requerida socialmente, ni más ni menos.

Mucho tiempo pasó, mucha agua corrió. Mucho trabajo interno se hizo en ambas partes, para poder comprender que las dos mujeres que se pelearon esa noche tienen mucha energía afín.

El mismo ascendente y el eje nodal inverso nos hablan de mucho en común, desde la gran importancia dada al vivir el éxito profesional hasta el apego a lo material.

Esa energía afín, bajo todas esas diferencias expresadas en aquel momento —y por mucho tiempo más— aflora con el pasar de los años y nos da la sanación después. Esto sucede cuando nos empezamos a habitar desde el amor y no desde el ego, con mayor consciencia en el presente de nuestra vida y propósito.

No fue sino hasta inicios de 2022 que yo logré soltar y sanar realmente esta situación, asumiendo mi responsabilidad en ella, entendiendo, escuchando y hablando también.

Logré hacer las paces con lo que sucedió, dejé mis expectativas a un lado acerca de cómo siempre me había imaginado que sería el vínculo.

Asumí que esa hermandad y camaradería no estaba ni estaría presente de la forma en la que yo hubiese querido, o había imaginado, porque siempre creí que quienes estuviesen en mi vida, bajo ese título, serían algo así como mis *BFF's,* desde compartir un trago hasta ir a comprar telas, pero nada más alejado de la realidad. Porque una cosa piensa el burro y otra el que lo arrea. Cada quien maneja un lenguaje del amor particular, especialmente en relaciones familiares.

Me costó mucho aceptar que aunque las cosas fueran así no estaban mal. Me costó aceptar que las cosas no serían como estaban en mi cabeza.

Y no es que haya mala relación, para nada, simplemente las expectativas que yo tenía del vínculo llevaron el volante por mucho tiempo y eso me generaba frustración constante.

Así que aquí el trabajo fue en ese terreno, el terreno de las expectativas, esas que nacen de la urgencia por establecer un vínculo, por llenar un vacío.

Esa vara alta que alzamos y que pretendemos que otros alcancen. Esa idea que tenemos de cómo debe ser algo o alguien, y que va manejando nuestra vida muchas veces, haciéndonos sentir desilusión porque las cosas son como son y no como quisiéramos.

Toda relación interpersonal termina siendo un espejo, el reflejo de lo que somos capaces de dar o no, de negociar o no, con nosotros mismos y con el mundo.

El terreno de la amistad ha sido desafiante porque, como ya lo comenté antes, lo que miras en el otro está también en ti.

Este aspecto de mi vida lo he trabajado aun cuando ni lo sabía.

El 2022 fue particularmente difícil en este aspecto. Me mostró mis apegos, mis creencias limitantes en cuanto a relacionarme y desarrollar una amistad a estas alturas de la adultez.

Fue un año en el que tocó desaprender todo eso que me habían dicho que debe ser la amistad, para empezar a construir un manual propio, basándome en mi experiencia.

Y lo primero que hay que dejar claro en ese manual es que, si bien a veces es más fácil fingir y ser quien no eres para encajar, qué caro nos puede salir esto.

Qué caro nos sale rebajar nuestros límites y no ser auténticos. Qué caro nos sale no tener claridad en lo que somos y valemos; confundirnos en los intereses ajenos e, incluso, abandonar los propios.

Insisto, qué caro nos sale apoyar y darlo todo por otro que no lo hace por nosotros, porque precisamente lo difícil de las amistades nacidas en la adultez, es que no hay espacio para cegarte y no ver cuando las acciones, que además denotan desdén, son más ruidosas que las palabras de apoyo.

Si bien la validación empieza en nosotros, todos necesitamos y merecemos, al menos, un mínimo sistema de soporte en el que palabras y acciones vayan en sintonía. En el que el motor sea el amor.

Y sí, pagamos un alto precio porque la vida no se vive de otra forma más que viviendo. Relacionarnos es parte vital del ser humano, porque los mayores aprendizajes vienen en relaciones, y porque siempre será válido que algunas compañías sean momentáneas o pasajeras, que enseñen lo que corresponda y sigan su camino, y que otras, por el contrario, sean de larga permanencia.

Total, nosotros también le sucedemos así a otros. Nuestra misión a veces puede ser fugaz o por mucho tiempo.

No hay un indicativo de cómo vamos a llevarnos con las expectativas en nuestra carta natal, pero sí hay indicativos de lo que puede herirnos, de lo que puede sentirse como potencial amenaza para nosotros.

Para esto trabajamos con Quirón, el sanador herido, ese que pudo curar a otros, pero no a sí mismo.

La meta es que nosotros detectemos la herida y su cura, porque somos tan capaces de envenenarnos como de sanarnos.

Generacionalmente somos muchos con Quirón en Géminis, por ello la herida ocurre porque lo que sentimos no es valorado en temas de pensamiento y comunicación, motivo por el cual considero que es fundamental conocernos, ser claros con nosotros mismos y con toda relación interpersonal que establezcamos.

Acá te dejo tres cortas y precisas lecciones acerca de esto:

✦1. Todo queda lejos cuando no queremos ir, recuérdalo siempre

✦2. Agradezcamos los verdaderos colores y matices que se muestran en nuestras amistades, porque reflejan los nuestros

✦3. Sé claro en tus vínculos, quien no comulgue con tu sinceridad y valores en ese aspecto, está bien que no esté

"Encuentra el amor que buscas,
encontrando primero el amor dentro de ti.
Aprende a descansar en ese lugar dentro de ti
que es tu verdadero hogar".

SRI SRI RAVI SHANKAR

LA MADRASTRA, RESIGNIFICANDO TÉRMINOS

EPISODIO VII

"Si tu madre no sabía cómo amarse a sí misma,
o tu padre no sabía cómo amarse a sí mismo,
es imposible para ellos enseñarte cómo amarte a ti mismo.
Estaban haciendo lo mejor que podían
con lo que se les había enseñado de niños".

Lógicamente, al hablar del padrastro en capítulos anteriores, también nos corresponde hablar de la madrastra. Una figura que debo reivindicar.

Yo fui de esos niños que crecen con doble casa, doble Niño Jesús, etc. Siempre le vi ese *plus* a la situación de "padres divorciados".

Lo que por mucho tiempo me chocó fue la idea de compartir a mis padres, de que cada quien tuviese una nueva familia, y yo siempre en el medio.

Mi mamá y Clemente / Mi papá y Nathalie.

Compartir a mi papá me chocaba más, por lo que me afinqué en molestar a Nathalie. Fui una ladilla, *a pain in the ass.*

Recuerdo una vez haber escondido un anillo de ella, no recuerdo mucho los detalles, pero sí el momento en el que me descubrieron en esa. No se imaginan el jarabe de lengua que me dieron, pasé un mal momento.

También mi pena y mi vergüenza, pues yo me debatía internamente entre ser Soraya o ser María Mercedes.

Había dos opciones:

Ser buena y entender que esos dos seres estaban enamorados, un par de adultos con derecho a ser felices, o la de quedarme ahí creando patrañas y malos momentos para amargar la existencia.

Por supuesto brilló mi lado oscuro, no había consciencia de lo que hacía y decidí ser muy *bitch.* Decidí seguir molestando.

Mucho después comprendí que había sido mala; esa maldad de niño que corresponde a un ser sin filtro, sin regulación emocional, pero maldad al fin. Y eso lastima.

Hoy quiero utilizar estas líneas para agradecer su presencia y paciencia, su cariño y el regalo más grande que me ha dado: mis hermanos.

No es que solo tuve un padrastro y una madrastra. Es que me dieron hermanos, y mis hermanos son una parte muy importante de mi vida.

El miedo de compartir a mis papás se hizo realmente presente cuando cada uno de ellos nació. Pero la vida te muestra que el amor no divide, al contrario.

Amor es crecer, es expansión.

Tengo la fortuna de pertenecer a un sistema familiar de apariencia disfuncional, porque no va bajo los "estándares", y sí, puede que sea un sistema familiar diferente en forma, pero no en contenido, pues siempre el amor, la contención y el apoyo estuvo presente.

Desde la astrología vemos a estas figuras a través del estudio de las casas derivadas, pero eso lo explicaremos en el próximo libro, por ahora, solo te puedo decir que el afán de poseer de un Escorpio viene del afán de control, y si a eso le sumas un Plutón y el nodo sur cerca, esto se hace natural y se despierta fácilmente. Además, esta combinación en un niño es como sembrar en terreno fértil.

Ser mamá es una experiencia muy plutoniana, transformadora, que me hizo entender mi impacto en otros y me llevó a trascender, a hacerme responsable, y así transmutar ciertas bajezas de mi carácter.

Estas líneas son cortas, precisas y muy sentidas.
Gracias Natha. ¡Te quiero! ♥

"Si quieres entender más a tus padres, haz que hablen sobre su propia infancia; y si escuchas con compasión, aprenderás de dónde vienen sus miedos y patrones rígidos".

LOUISE HAY

2017. PERDIENDO A SATURNO

EPISODIO VIII

"Cada instante de la vida es un paso hacia la muerte."

PIERRE CORNEILLE

Ese 2017 iniciaba con la recta final de mi segundo embarazo, Leia, y también con la enfermedad de mi papá.

Llegó el 12 de abril y nació mi Leia, una gran maestra.

Pasó un mes y el 13 de mayo decidimos llevar a Padme a comer helados. Yo salía del primer mes de posparto y Padmita necesitaba ese tiempo con nosotros, así que nos fuimos Gustavo, ella y yo, a pasear.

No teníamos ni 15 minutos en el carro cuando me llamaron para decirme que mi papá se había ido. Se había marchado.

Una semana antes había notado lo realmente mal que estaba, pues en su cumple, el 6 de mayo, hablamos muy muy poco por teléfono. Le dolía su garganta, le costaba conversar, comer, etc.

Mi mundo se detuvo, con total honestidad te lo digo. Es una sensación que invade el cuerpo de una forma indescriptible. La mente se vacía; todo cambia aun siendo igual.

No eres tú, no es tu cuerpo, no es tu realidad, o al menos eso es lo que quieres, que no sea tu realidad.

Ese día, unas palabras, que años antes había escuchado a mi amiga Aileen decirme, cobraron mucha fuerza en mí: "me quiero morir, pero no lo hago por mi hija". Esa frase retumbó en mi cabeza por muchos días. Ella me lo dijo cuando estaba viviendo una pérdida tan dolorosa como la mía.

Recuerdo haber seguido el paseo por mi niña, que no entendía por qué mamá lloraba desconsolada por los pasillos de Target con la mirada perdida. Paseamos de a ratos llorando, de a ratos tranquila, de a ratos presente, de a ratos muy lejos de ahí, como se lleva la vida durante el duelo. Le compramos su helado a Padme y nos fuimos a casa, pues mi papá vivía en Venezuela y yo no podía salir de EE.UU.

Allí me esperaba la rutina. Leia, mi bebé de un mes, que necesitaba de mí en total presencia y atención.

Lloraba en el baño, mientras me bañaba para no hacerlo mientras amamantaba, porque quería darle amor a Leia y no dolor, a través de la experiencia.

Fueron días emocionalmente grises, oscuros, en medio del bonito color de la maternidad.

A los días, para completar ese *mood* llegó Padme con piojos.

El fin del mundo.

¿O no?

Y mi escape perfecto para darle salida al dolor, a mi llanto, así que todas las tardes la llevaba al balcón y, mientras sacaba los piojos, lloraba a moco suelto.

Así pasaron, al menos, unas tres semanas. Los piojos se fueron, no así el dolor ni el llanto, pero poco a poco salimos de ese hoyo negro del duelo, con la ayuda de Gustavo, mi familia, amigos y, sobre todo, con el impulso del amor por mis hijas.

Porque siento que eso me mantuvo en pie. Siento que mi papá decidió irse cuando yo más ocupada y con propósito estaba. Para que, en medio de extrañarlo y querer morirme, me levantara todos los días, sacara fuerzas y diera lo mejor de mí.

La astrología fue otro bastón, y ahí, más que nunca, se profundizaron y afianzaron conocimientos; se integraron.

El año avanzó con retos como siempre, pero regalándonos la independencia de mudarnos solitos los cuatro. Teníamos dos años viviendo con mis suegros.

Ese noviembre nos mudamos a la hermosa comunidad de Coconut Grove. Fue agridulce la sensación de haberlo logrado, pero no tener a mi papá para compartir con él ese logro.

Lloraba todos los días en esa casa. Fue mi primer diciembre sin él. Nunca antes me había sentido así, feliz y triste al mismo tiempo, nadando desesperadamente entre estos sentimientos.

Y como si hicieran falta más retos, el 31 de diciembre de ese año trabajé como mesera en una fiesta de fin de año de una familia puertorriqueña. Recibí el 2018 trabajando porque la libertad implica responsabilidad; tocaba desapegarse de las formas conocidas y hacerlo diferente, porque así se requería en ese momento.

En el momento del *Happy New Year,* eché mi lloraíta. Me sacudí la tristeza con un *whiskey* que me brindaron y seguí mi trabajo hasta las 5 a. m.

De aquella fiesta todavía conservo algunos contactos que eventualmente se convirtieron en consultantes astrológicos.

Ahora miro atrás y veo este año como uno de los más *hardcore* de mi vida. De los más aleccionadores, donde evidencié lo vulnerable y lo fuerte que soy.

Lo honro y lo agradezco.

Ese año los nodos terminaban tránsito por el eje Virgo - Piscis, para luego activar el eje Leo - Acuario. Fue un año en el que le di orden y equilibrio al cuerpo y al espíritu. Solté todo afán de control y abracé quien era realmente para empezar a creer y crear una realidad diferente.

Fue un año de trascender, ascender y traspasar el dolor.

Saturno representa la energía del padre, de la responsabilidad, es energía que te enfrenta con el karma que puedes crear.

La mitología romana cuenta que era un padre temeroso de que sus hijos sobrepasaran su poder, así que se los comía, pero un día, Ops, su esposa, lo engañó e hizo que se comiera una piedra y así salvó a Júpiter de ser comido por su papá. Con Plutón no pasó lo mismo. Hasta que un día, Júpiter volvió e hizo que su papá vomitara los hijos que se había comido.

Este detalle también te explica por qué la energía de Júpiter es expansiva, alegre y bonachona, y la de Plutón está más relacionada al trauma, a las experiencias transformadoras.

"La muerte no nos roba a los seres amados. Al contrario, nos los guarda y nos los inmortaliza en el recuerdo. La vida sí que nos los roba muchas veces y definitivamente."

FRANÇOIS MAURIAC

PLUTONEANDO, TRANSFORMÁNDONOS

EPISODIO IX

"Todos nacemos originales y morimos copias".

CARL JUNG

Volvamos al presente. Otro de mis *main goals* con este libro es mostrarte cómo vamos viviendo aspectos de nuestra carta y los vamos integrando, los vamos superando, pero no desde esa pose de "superada y nada puede conmigo". Los superamos atravesándolos, tomando de ellos lo que nos hace crecer y evolucionar, y eliminando el resto.

Nos vamos transformando gracias a todo ese conocimiento adquirido.

Fíjate cómo en mi adolescencia viví ese punto muy oscuro y transformador de mi carta como lo es mi Sol en conjunción al nodo sur y a Plutón. El lado oscuro lo conocí y me dejé seducir para después de allí renacer como ave fénix.

Ahora, mientras escribo esto, estoy en medio de mi retorno nodal, ¡vaya sacudida!

Y además, también siento que estoy más enfocada en trabajar mi Marte en Libra y mi conjunción fuera de signo entre Saturno en Escorpio, y mi Mercurio en Sagitario.

¿En español?

Estoy más enfocada en mi acción independiente y menos complaciente, sin dejar de ser *polite,* sin dejar de buscar armonía y balance.

También lo estoy en no permitir que mi mente se limite, en desaprender, en no quedarme enfrascada en la cátedra y los dogmas, comprendiendo que formas de vivir y pensar hay tantas como individuos en el mundo.

Y vaya que somos millones y millones.

Así que toca ser más ligera y redireccionar mi intensidad escorpiana para que me ayude a crecer y no a limitarme. Toca desapegarse un poco de las posturas fijas; un trabajo nada fácil, pero aquí vamos.

Entonces, en esta etapa de mi *Ni tan insólito Universo* te voy a echar el cuento de cómo la astrología ha hecho un *upgrade* a mi vida.

Aplicar esta hermosa herramienta de autoconocimiento a mi vida ha sido de las mejores cosas que he vivido. Y no te preocupes si no sabes nada de esto, al final del libro te he dejado un episodio dedicado a los términos que he usado y una miniguía que te ayudará a iniciar el camino, a abrirle la puerta al autoconocimiento, si así lo deseas.

✦

Empecemos por hablar de mi forma de ser en pareja.

Hubo un momento de mi matrimonio en el que me di cuenta de que mi intensa naturaleza escorpiana de saberlo todo, de llegar al fondo del asunto, me llevaba a meter el dedo en la llaga, como dicen por ahí.

Comprendí que mi patrón era empezar discusiones por tonterías, enfrascarme ahí e insistir tanto en el problema y mis molestias, valiéndome de mi sarcasmo y mi verbo para sacar de sus casillas a Gustavo, pero este es un ser de naturaleza exageradamente pacífica y armoniosa, digno Libra.

Nacer con el Sol en conjunción (unión) al nodo sur hace que me resulte muy fácil vibrar lo más bajito y no tan *nice* de Escorpio; la ira, la venganza, incluso la manipulación. Así que una vez cachado ese patrón, comenzó el trabajo de aplicar la pausa y tomar espacio en momentos en los que sabía que esa Giovanina, guerrera sin propósito, empezaría el combate o la guerra.

¿Recaídas en el proceso? Muchas, pero si no hubiese empezado a trabajar esto, quizá ya no tuviera matrimonio. Y este proceso nos ha hecho crecer a ambos dentro de esta unión y somos un gran equipo en el que la individualidad brilla.

Otra de las cosas que me pasaba era que mi afán de control y mi naturaleza celosa —proveniente de mi falta de valoración por años— no me permitían vivir tranquila cuando Gustavo salía al estudio o estaba haciendo algo sin mí.

Esto era un reflejo claro de que debía trabajar mi valor y así lo hice. Tuve que ejercitar mi autoestima, entendiendo que cada uno es dueño de sí mismo y que no porque antes me fue mal, volvería a pasar.

Porque lo más increíble es que yo era así sin que él me diera ningún motivo de duda. Y si vamos adentrándonos en profundidades astrológicas, esto nos ayudó muchísimo para entender la energía presente en nuestras cartas, en nuestra sinastría, es decir, en el análisis de la compatibilidad entre dos cartas astrales.

El Plutón de Gustavo está sobre mi Venus, posición que podría añadir mucha pasión desde la astrología tradicional. También le añadiría que en cualquier relación en la que veamos esto, existiría un gran potencial de transformar nuestros deseos y valores.

Ya tenemos casi 10 años juntos y sigo sin motivos para dudar, al contrario, cada día más convencida del buen equipo que somos, y de lo bonito y necesario que es el buen amor, ese que empieza hacia nosotros mismos.

De ti para ti.
De mí para mí.

✦

Con la maternidad, los retos han sido la paciencia y el sano desapego. Comprender que mis niñas son mías, pero también del mundo y de la vida que ellas escojan. Que no vienen a vivir mis experiencias ni mis anhelos.

Escorpio es regido tradicionalmente por Marte, planeta de la acción, un guerrero que puede ser impulsivo.

Manejar momentos de crisis como fiebres muy altas o fuertes caídas aún me cuesta, pero he entendido que mi impulsividad me puede cegar en esos instantes, y en vez de ayudar, me molesto y termino haciendo el ambiente aún más pesado.

Conocerme y conocerlas a ellas, a través de sus cartas natales, me ha ayudado a abordar situaciones y conversaciones de una manera más relajada. He podido acercarme a ellas desde la empatía y desde sus necesidades, y no desde las mías.

Ahora sé que Padme mira el mundo con un poco de terquedad taurina, pero con la libertad, optimismo e imprudencia de un Sagitario.

Que Leia necesita más acción e intensidad para sentirse bien, porque su Sol y su Luna son regidos por Marte, pero que en ella hay mucha sensibilidad pisciana también.

Que en ambas hay velocidad e ingenio porque tienen a Urano muy presente, por ejemplo.

Cada una viene con sus retos, con sus habilidades y también vulnerabilidades. Cada una me ama distinto y eso está perfecto.

Cada una es un universo único que me enseña a ser mejor día a día.

Mi forma de vivir la maternidad, pensarla y llevarla a la acción ha cambiado.

Mi forma de maternar se ha transformado, y creo que lo sigue haciendo, esto es un trabajo en construcción.

✦

Mi faceta profesional, de emprendedora, de *small business owner*, también ha crecido gracias a la astrología.

Ha sido influenciada y transformada. Desde mi Sol en casa 10 y mi ascendente Capricornio les puedo decir que el éxito y la vista pública son importantes, y que ahora los vivo en libertad y alineada a lo que valoro.

Desde muy joven, mi éxito era estar siempre produciendo, generando ganancias. Siempre vendiendo algo, siempre comercializando. Muchas veces algún producto de mi creatividad y mis manos. Otras, comprando, interviniendo y revendiendo.

Estar ocupada trabajando, con la agenda llena y el tiempo justo, fue la constante por mucho. Luego llegó una etapa neptuniana en la que evadí y me perdí en ciertas cositas que me mantenían distraída de tener que tomar responsabilidad y hacer elecciones, de crecer. El exceso de rumba, de tiempo fuera de casa, de alcohol y demás hierbas aromáticas se instaló en mi vida por un tiempo.

Pero ¿cómo todo llegó a su fin?

Cuando me gradué de la Escuela de Artes llegué a la Casa de las Letras Andrés Bello haciendo pasantías. Ahí se desarrolló mi vida como profesional del diseño gráfico, específicamente del diseño editorial.

Fueron unos días maravillosos, de increíbles momentos y de adquirir mucha experiencia. Desde la producción editorial hasta la producción y logística de un evento como el Festival Mundial de Poesía.

Tuve la oportunidad de conocer a mucha gente, y de diseñar y diagramar unos ocho libros, mis hijos; cada uno fue un proceso creativo indescriptible.

Yo leía el manuscrito mientras diagramaba. Para mí era inevitable involucrarme con el texto, con el trabajo, por eso, muchas veces, también formé parte de las manos y ojos que hacían corrección ortotipográfica.

Ahí estuve trabajando hasta que decidimos viajar. Un viaje que iniciaba nuestra aventura migrante aunque nosotros no estuviéramos tan conscientes de ello.

Y la vida como migrante me ha tenido bastante ocupada, aprendiendo nuevos oficios, sacándole partido a otros y también a mis habilidades y destrezas.

He sido mesera, *hostess, cleaning lady,* diseñadora gráfica *free lance,* mánager de tienda, entre otros. Todo trabajo y experiencia laboral en este país (EE.UU.), en el que vivimos desde hace ocho años, me ha hecho crecer.

Conocer perspectivas, vidas, otras culturas y hasta un nuevo sistema político, electoral o judicial, por ejemplo, son cosas que encienden y alimentan mi Mercurio en Sagitario y mi Marte en casa 9.

Me apasionan y me hacen sentir preparada para debatir.

Es mi naturaleza.

✦

Y aquí llegamos a la faceta de migrante, esa adulta interesada e involucrada en la política en la que me he convertido.

Siempre hablo de la conciencia cívica que he adquirido estos años. Porque si hay algo tengo claro, a estas alturas de mi vida, es que eso de no votar y no involucrarte en los procesos en tu país, te pasa factura.

Alzar la voz, tomar nuestro poder de decisión y participar en unas elecciones, podría parecerte tonto e insignificante, pero la verdad es que no lo es.

Lo cierto es que cada uno de nosotros tiene la responsabilidad, el deber y el derecho como ciudadano de elegir a nuestros gobernantes.

Nosotros como sociedad, con nuestra unión y consenso, damos o quitamos poder. No se nos puede olvidar este detallazo.

Aquí he tenido la oportunidad de involucrarme en algunas organizaciones que incentivan la participación de los latinos en procesos electorales. Ha sido muy interesante conocer acerca del sistema electoral, de sus formas de manejar la política y el origen de sus tradiciones en esta materia.

Con todo esto creo que mi medio cielo en Libra y en frontera entre las casas 9 y 10, así como mi Mercurio en Sagitario, se alimentan, agarran vida.

Entre las diferentes cosas que quise estudiar de jovencita, estando aún en el liceo, una era Estudios Internacionales. Ese asunto diplomático, político, de temas importantes y trascendentales, de justicia, siempre ha llamado mi atención.

De alguna manera, he encontrado la satisfacción a ese deseo a través del entendimiento del sistema estadounidense.

¡Ojo! Aún así no ha sido fácil sentir pertenencia.

Y a partir del 2017 eso también cambió. Empecé a sentirme en casa, a no seguir hablando de irme de acá. Comencé a abrazar esta ciudad, a hacerla mía. A tener mis lugares favoritos, a saber moverme sin GPS en algunas zonas, a hablar de pulgadas a la hora de medir, a ir a clases de yoga o al cine, a hacer diligencias.

Logré integrar y comprender que cada movimiento aquí es un privilegio.

Aquí y ahora.

Te invito siempre a hacer lo mismo con tu presente, en el lugar que estés, y honrarlo.

Como verás, en la vida necesitamos hacer las paces con el hecho de que la constante es el cambio. De que lo que un día es novedoso con el tiempo será obsoleto.

Eso pasa y está bien.

(Todos los días me lo repito).

EN GRATITUD TODO FLORECE, INTEGRANDO A JÚPITER

EPISODIO X

"La gente es infeliz con la incertidumbre. Hay que aprender a convivir con ella".

TIMOTHY FERRISS

El trabajo de comprender realmente lo que implica vivir en gratitud, sin que esto involucre la entrega a un positivismo tóxico, es arduo, incluso puede sentirse abrumador.

Es que hay una delgada línea entre vivir "aceptando lo que nos sucede" y ser capaces de absorber e integrar lo que viene a enseñarnos cada situación, cada experiencia, por muy incómoda que sea nuestra realidad tangible.

Fue justo luego de 2017, de ese año tan difícil para mí, que empecé realmente a vivir bajo esta premisa, una que me invita día a día a expandir mi mente, mis creencias y a no quedarme solo en la emoción. A ver y vivir la vida desde el ruedo creativo y creador, trascendiendo el papel de espectador.

Lo que no nos guste de esta realidad podemos cambiarlo. Pero para empezar ese proceso es muy necesario aceptar donde estamos y, a partir de ahí, dirigir la mirada hacia donde queremos ir.

Y en esa aceptación radical debe reinar la gratitud, porque agradecemos donde estamos y lo que nos muestra, aun si no nos gusta lo que vemos. No podemos vivir creyendo que seremos agradecidos cuando tengamos todo lo que nuestra mente y creencias nos dicen que debemos tener.

Esto es como el amor, hay que vibrarlo, hay que sentirlo. Tiene que estar en ti para que crezca y se expanda, si no, siempre estará faltando algo para que logremos adoptar esa postura ante la vida.

Les dejo esta otra gran lección que me dio la astrología: Cuando empecé a ver todo a través de estos lentes, mi vida empezó a cambiar, y poco a poco me di cuenta de lo importante que era esto.

Vivir en agradecimiento, porque todo suma, si no es un momento de alegría, pues suma la experiencia.

Ser capaces de separarnos de la emoción y entender que hay una lección que aprender.

Cambiar el *¿por qué a mí?* por *¿qué trae esto para mí, qué me enseña?*

Trabajar en cambiar nuestra mentalidad no es fácil, requiere constancia, paciencia y estar en posición de estudiante, dejar de sentirnos superiores.

Espero que con todos estos cuentos te inspires y te conozcas. Conectes contigo de verdad, y con tu capacidad infinita de crear.

Honrándote en cada decisión que tomes.

Apostando por tu futuro y satisfacción a largo plazo y no por lo inmediato.

Que sepas que sí se puede cambiar y que esta herramienta está para guiar, no para determinar.

Gracias por llevar este libro contigo.

Gracias por creer.

Llegar hasta aquí es también mostrarte amor en este viaje.

El compromiso con tu evolución podrá sentirse algunas veces pesado y retador, confuso y abrumador, pero con paciencia trascendemos creencias limitantes. Dejamos atrás todo lo que impide nuestra evolución natural y recorremos el mundo más ligeros.

Estoy aquí para acompañarte en este proceso y apoyarte con múltiples herramientas que complementan mi trabajo astrológico.

Espero que en este punto hayas comprendido que el mensaje que más te repito en estas páginas es que todo empieza en ti y por ti.

Siempre insistiré en que es el trabajo interno lo que causa ese efecto de empezar a ver amor, gratitud y alegría en tu camino; de empezar a hacer realidad esa vida que por momentos solo está en nuestra cabeza.

La astrología no resolverá tus problemas mágicamente, pero te brindará una gran herramienta para hacerlo y poder conocerte de forma real.

Conocernos es sinónimo de vivir mejor y no hace falta ser un erudito ni saberlo todo. Hace falta ganas, convicción, paciencia y disciplina, al menos para empezar.

Conocerte siempre te llevará lejos y será lo que haga la diferencia en cualquier ámbito de tu vida.

Expresar con claridad lo que deseas en una relación hará que dejes de recibir chocolates cuando lo que quieres es libros.

Así comienzas a generar gratitud en tu vida, agradeciéndote el valor de expresarte con claridad. Y también empiezas a trabajar e integrar la energía de Júpiter en tu ser, aprendiendo a apreciar sus regalos, sobre todo, aquellos que van más allá de lo tangible, más allá de esta realidad 3D.

En resumen, abrirle la puerta al autoconocimiento es hacerle un *update* a tu vida y espero que lo antes leído aquí te anime a hacerlo.

"Tu seguridad no es tu trabajo, ni tu cuenta bancaria, ni tus inversiones, ni tu cónyuge, ni tus padres. Tu seguridad es tu capacidad de conectarte con el poder cósmico que crea todas las cosas".

LOUISE HAY

NI TAN INSÓLITOS TÉRMINOS Y UNA MINIGUÍA

EPISODIO XI

Te comparto las definiciones de los términos que mencioné durante el libro y una miniguía para que, si aún no conoces tu carta, lo hagas ahora y puedas incluso interpretarla.

O para que sigas en el camino, si ya sabes un poco de qué va esto.

Que te sea de mucho provecho y utilidad esta miniguía que te acercará a tu potencial, a redescubrirlo y activarlo.

A integrar la energía disponible y generar el cambio que tanto deseas.

Usa esta información a tu favor, para crecer y evolucionar, no para determinarte y sentir que tu vida ya está escrita.

Y recuerda que estoy a un clic de distancia para despejar tus dudas o ahondar más en este mágico mundo en el que nuestro infinito potencial y el cosmos se fusionan.

(@ninaopina / www.ninaopina.com / info@ninaopina.com)

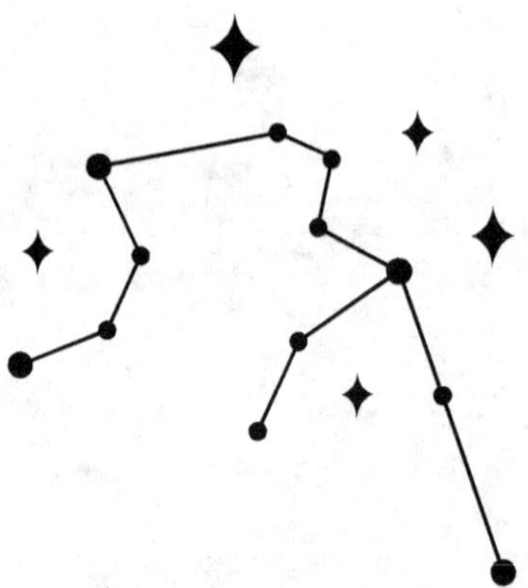

ASTROLOGY IS A TOOL NOT A RULE

La idea de este último espacio es que te conectes con tu carta, que te familiarices con ella y con la astrología como herramienta de autoconocimiento, que no necesites de un horóscopo y que tú mismo puedas navegar tu vida llevando el timón.

Que cada alineación astrológica presente en tu carta, cada elemento en ella, te dé *insights* y te ayude a crecer.

Pero antes de llegar a la carta astral sepamos qué es la astrología. En su sentido etimológico, el término proviene del griego *ástron* "estrella" y *lógos* "discurso".

La astrología es una poderosa herramienta, una disciplina que estudia e interpreta el lenguaje del cosmos y de sus elementos. A través de ella comprendemos su configuración, la posición y el movimiento de los cuerpos celestes, para conocer el carácter y energía predominante de personas o situaciones, así como su influencia en nosotros y, por ende, en los acontecimientos del mundo.

La carta astral es la foto del cielo al momento de tu nacimiento. Ese gráfico que, a simple vista, para muchos es complejo e indescifrable.

Encierra todo nuestro potencial. Aprender lo que tiene que decirnos la carta es, para mí, el primer paso para elevar nuestra vida y propósito.

En ella están presentes los 12 signos del Zodíaco, los cuales están representados por 12 sectores iguales de 30º cada uno.

El signo en el que se encuentre el Sol en nuestra carta natal es nuestro signo solar, popularmente conocido como signo del Zodíaco.

El Sol recorre el Zodíaco tropical en el sentido contrario a las agujas del reloj, y parte del punto Aries, momento en que empieza el nuevo año astrológico.

Los signos del Zodíaco se van alternando de forma que a un signo de polo positivo siempre le sigue uno de polo negativo y viceversa —como el yin y yang— de manera que:

✦ Los signos con polaridad positiva son Aries, Géminis, Leo, Libra, Sagitario y Acuario.

✦ Los signos con polaridad negativa son Tauro, Cáncer, Virgo, Escorpio, Capricornio y Piscis.

Dentro de los signos del Zodíaco, también existen los cuatro elementos:

✦ ***Signos de fuego:*** energía, iniciativa, dinamismo y expansión. El inicio de la acción y la fuerza para el cambio. Los signos de fuego son Aries, Leo y Sagitario.

✦ ***Signos de tierra:*** los placeres, lo material, lo práctico, las bases de la vida humana y la búsqueda de bienestar, estabilidad y seguridad. Pertenecen al elemento tierra: Tauro, Virgo y Capricornio.

✦ ***Signos de aire:*** el contacto con los demás, el intelecto, la lógica, la comunicación, las relaciones, el intercambio de ideas. Géminis, Libra y Acuario son de aire.

✦ ***Signos de agua:*** las emociones, los sentimientos, la intuición y el instinto. Sensibilidad, empatía y compasión. Los signos de agua son Cáncer, Escorpio y Piscis.

En cuanto a los planetas, se dividen en tres grupos:

✦ ***Planetas personales:*** son los planetas de movimiento más rápido desde una perspectiva terrestre y reflejan, por tanto, los rasgos más característicos de la personalidad. Influyendo de forma distinta en cada individuo y mostrando las cualidades que mejor se pueden controlar de forma consciente.

✦ ***Planetas sociales:*** son los planetas de movimiento más lento e influyen en generaciones enteras.

✦ ***Planetas transpersonales o espirituales:*** describen el vínculo de la persona con el contexto social y cultural en el que ha nacido.

El Sol y la Luna son llamados luminarias.

En la carta natal podemos observar la situación de los planetas en el momento exacto de nuestro nacimiento.

Ellos simbolizan las distintas dimensiones de la naturaleza humana, los arquetipos que se manifiestan de manera particular en cada individuo.

Para la interpretación de la carta natal hay que tener en cuenta, junto con el significado de cada planeta, su posición en signos y casas, así como los aspectos que se formen entre los distintos elementos de la carta.

"La astrología es una ciencia en sí misma
y contiene un cuerpo de conocimiento esclarecedor.
Me ha enseñado cosas y estoy en deuda con ella.
La evidencia geofísica revela el poder de las estrellas
y los planetas en relación con lo terrestre.
A su vez, la astrología refuerza en cierta medida
este poder. Por eso la astrología es como
un elixir vital para la humanidad".

ALBERT EINSTEIN

ANATOMÍA DE UNA CARTA ASTRAL

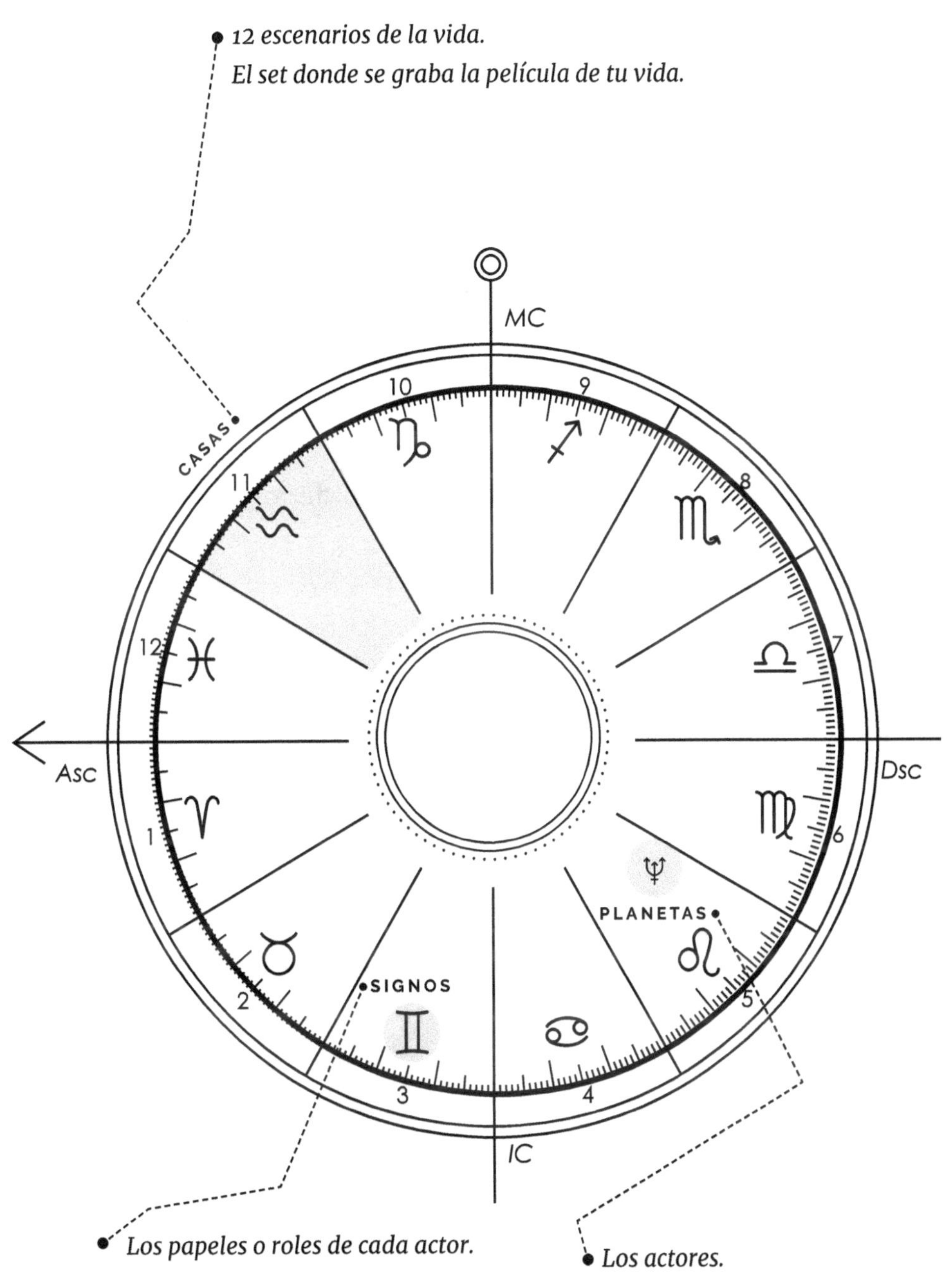

Mi método para aprender, enseñar y compartir la astrología ha sido el uso de las palabras claves.

Esto simplifica un poco el proceso de acercamiento a conceptos y definiciones que pueden parecer muy complejas, incluso aligera la mirada a la carta natal, a ese gráfico que para muchos es indescifrable.

A continuación, te dejo las palabras claves que asociamos con signos zodiacales, planetas y casas astrales. A partir de ahí, se te hará mucho más fácil interpretarlo.

Luego, he dejado espacios en blanco para que los llenes con tu información, y empieces el ejercicio de mirarte desde la astrología, ¡sin juicios!

PLANETAS

✦ ***Sol:*** conciencia / presencia / energía vital
✦ ***Luna:*** necesidades emocionales

✦ ***Personales:*** movimiento más rápido y los usamos a diario
✦ ***Venus:*** deseo
✦ ***Marte:*** acción
✦ ***Mercurio:*** pensamiento, comunicación

✦ ***Sociales:*** tránsito más lento, hablan del contexto en el que nacemos
✦ ***Saturno:*** límites, responsabilidad
✦ ***Júpiter:*** crecimiento, expansión

✦ ***Transpersonales:*** movimiento muy lento. Son los que están más lejos de nosotros, su influencia es colectiva, pero sabemos que lo que afecte a uno, afecta al otro
✦ ***Urano:*** sorpresa, cambio, innovación
✦ ***Neptuno:*** fantasía, sueños
✦ ***Plutón:*** transformación, poder personal

Todo visto desde nuestro planeta, la Tierra.

SIGNOS

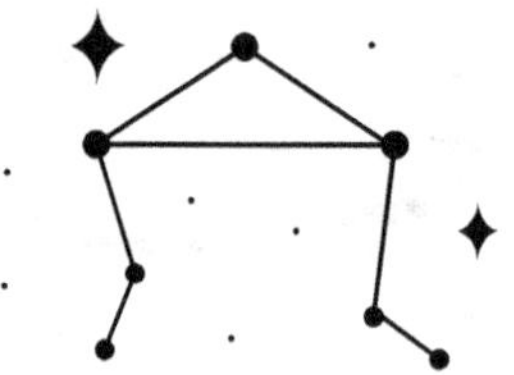

✦ ***Aries:*** yo

✦ ***Tauro:*** tengo seguridad material, valor, la tierra

✦ ***Géminis:*** comunico, pienso / comunicación, pensamiento

✦ ***Cáncer:*** siento, hogar, familia, memorias

✦ ***Leo:*** creo, creatividad, talentos, crear

✦ ***Virgo:*** rutina, día a día

✦ ***Libra:*** armonía, balance

✦ ***Escorpio:*** entrega, valores compartidos

✦ ***Sagitario:*** creencias, dogmas

✦ ***Capricornio:*** constancia, responsabilidad, deber ser, estructuras

✦ ***Acuario:*** compartir, elemento diferenciador, redes sociales

✦ ***Piscis:*** trascender, sin límites

CASAS ASTRALES

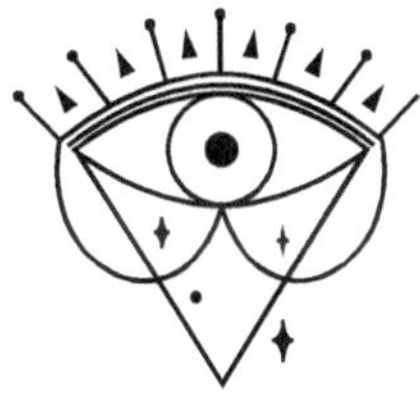

Casa 1: autopercepción, cómo inicias las cosas

Casa 2: autoestima, valor, recursos

Casa 3: pienso, comunico

Casa 4: raíces, familia, pertenencia

Casa 5: creatividad, talentos, lo que te divierte y apasiona

Casa 6: vocación, servicio, rutina, día a día

Casa 7: relaciones, sociedades, proyecciones

Casa 8: recursos compartidos y fusionados con otros (tiempo, energía, dinero)

Casa 9: creencias y lo que te expande mentalmente

Casa 10: éxito, vista pública, tu propósito elevado

Casa 11: relación con grupos, amigos, causas sociales, lo que compartes

Casa 12: conexión con el todo, el inconsciente y los cierres energéticos. El clóset.

En este gráfico puedes ubicar tus planetas y los signos tal como están en tu carta (que puedes sacar en astro.com) y con este ejercicio comenzar a reconocer sus elementos:
Símbolos | Planetas | Signos

Nota: el ascendente siempre se encuentra en la casa 1, mientras que el descendente en la casa 7.

ENTENDIENDO LA CARTA ASTRAL

Llegamos a la parte práctica.

Entra en ***astro.com.*** Allí verás la sección "Cartas y cálculos", haz clic y busca "Extensa selección de cartas". Al darle clic, te llevará a un menú en el que debes introducir tus datos de nacimiento.

Fecha, hora y lugar de nacimiento.

El sistema generará tu carta y bienvenida la magia.

A partir de aquí, comenzarás a familiarizarte con tu carta astral y con todo lo que encierra ese gráfico de apariencia compleja, que no es más que la foto del cielo a la hora de tu nacimiento (sí, lo sé, eso último lo he dicho varias veces, je je).

Con este ejercicio, empezarás a reconocer los elementos y energías presentes en la carta astral (o natal, ambas formas son válidas).

El siguiente gráfico está diseñado para que puedas ubicar tus planetas y los signos, tal como están en tu carta.

Y así poder explorar y transitar todo el potencial energético, disponible para nosotros en esta encarnación.

La rueda zodiacal es como un gran edificio con 12 pisos o una gran casa con 12 cuartos.

Cada uno de esos cuartos o pisos puede interpretarse como un aspecto, ámbito o escenario de la vida.

Otra forma de verlo —reforzando lo que dije en páginas anteriores— podría ser la siguiente: estos serían algo así como el set de la película donde estarían actuando los personajes, y responden a la pregunta "¿Dónde/ con quién lo hago?".

Ejemplo:
Casa II - Con el dinero
Casa IV - En mi casa
Casa X - En mi trabajo

Los signos serían los papeles o roles que tiene cada actor; podríamos decir que son cualidades.

Se traducen como el adjetivo de la oración y responden a la pregunta: "¿Cómo lo hago?".

Ejemplo:
Tauro - Paciente
Virgo - Ordenado
Acuario - Auténtico

Los planetas serían los actores de la película.

Para interpretarlos, podríamos verlos como el verbo de la oración y responden a la pregunta: "¿Qué hago?".

Ejemplo:
Marte - Actuar
Venus - Desear
Júpiter - Crecer

Con la exploración de tu carta y todos los términos, irás comprendiendo, cada vez mejor, tu vida desde el lente de la astrología.

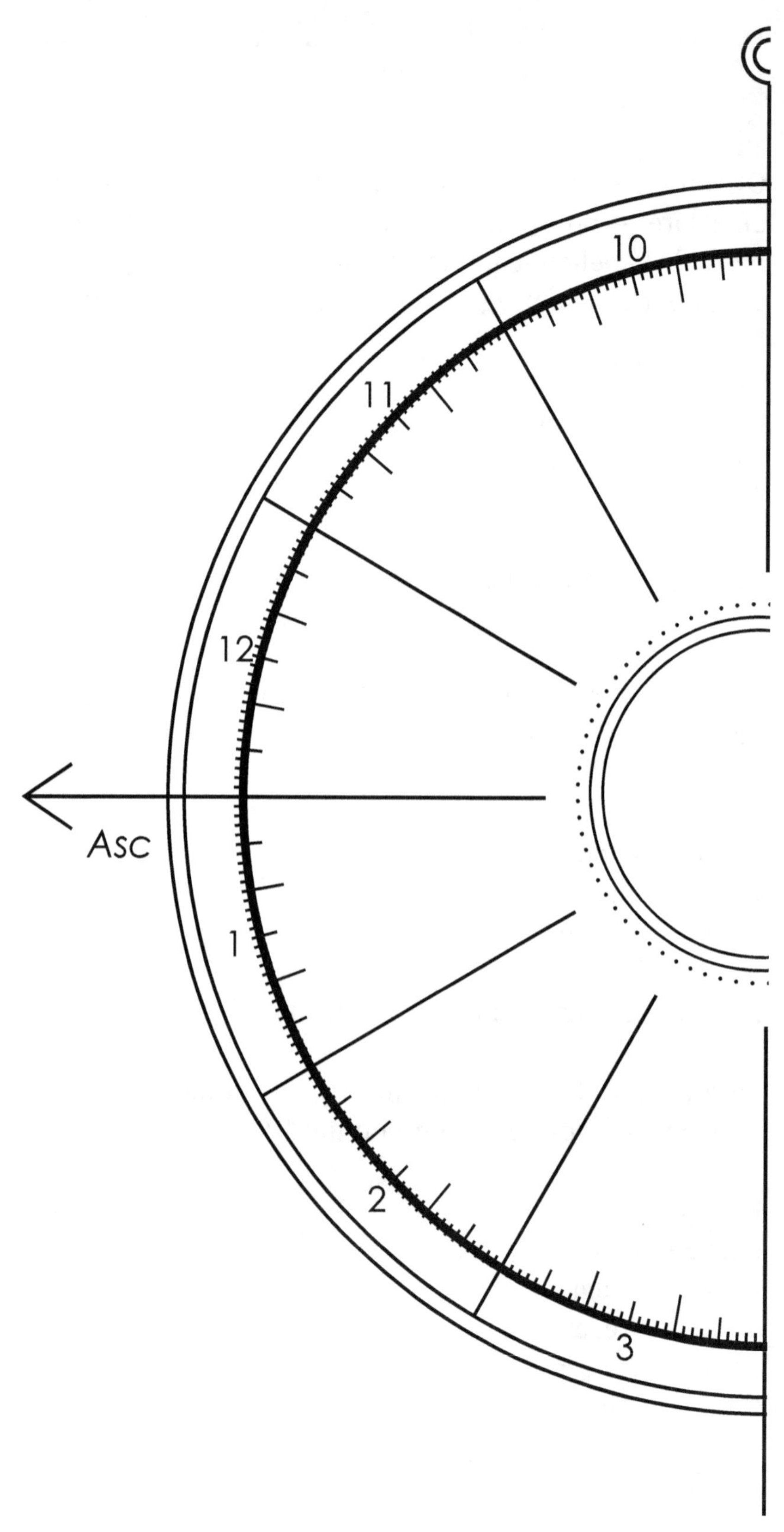
10
11
12
Asc
1
2
3

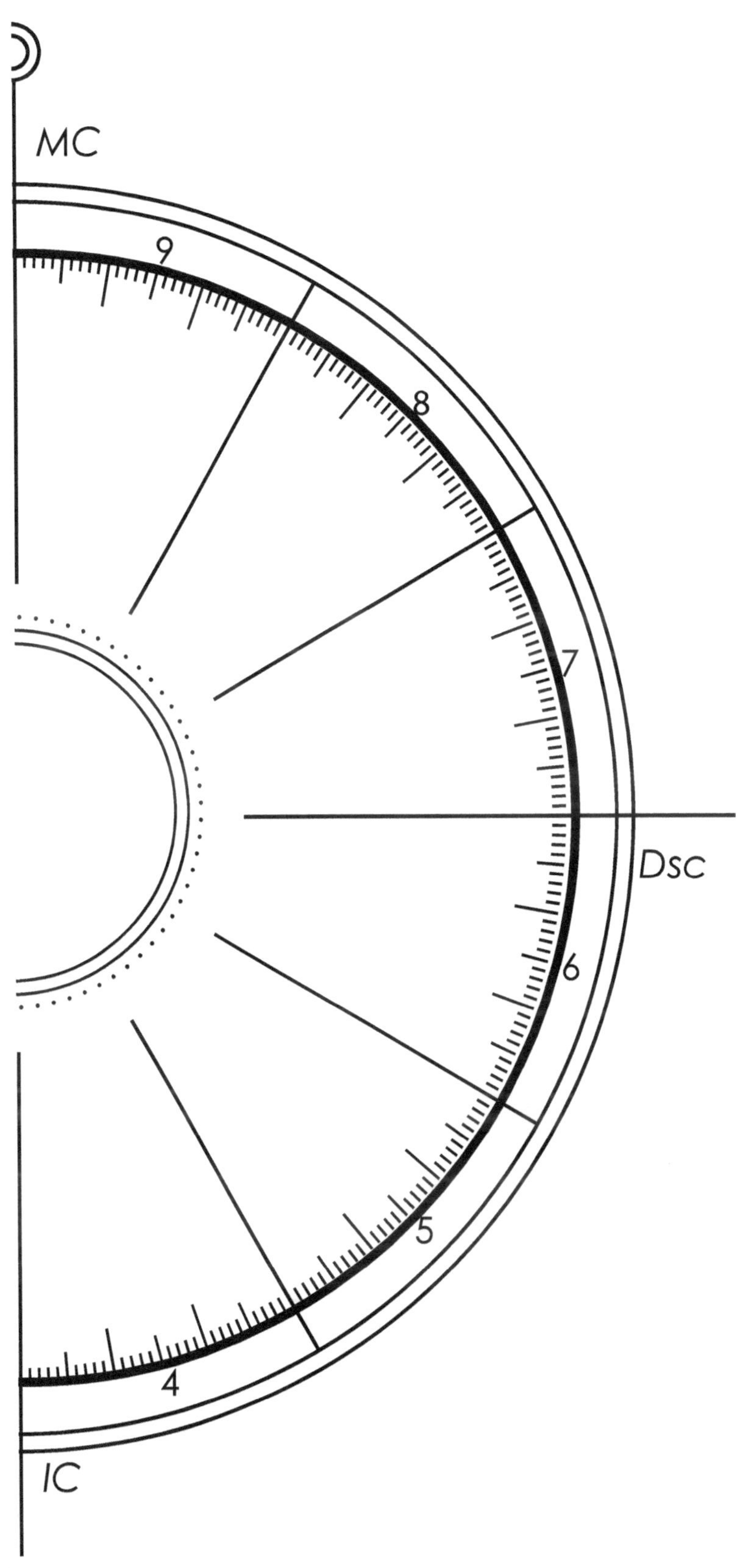
MC
9
8
7
Dsc
6
5
4
IC

NOTAS PERSONALES

Aquí te invito a desglosar y describir todos los elementos que hayas descifrado sobre ti en tu carta astral.

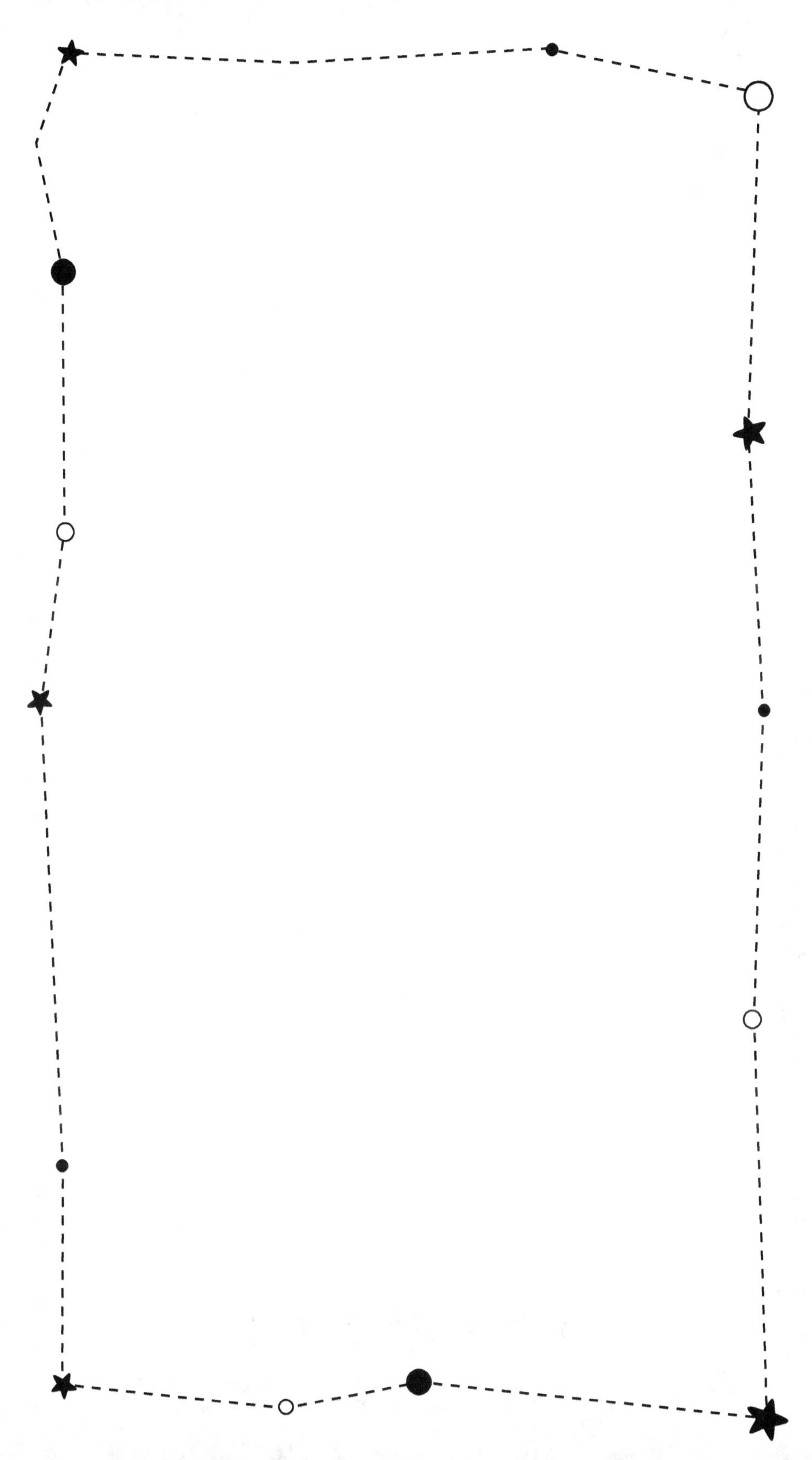

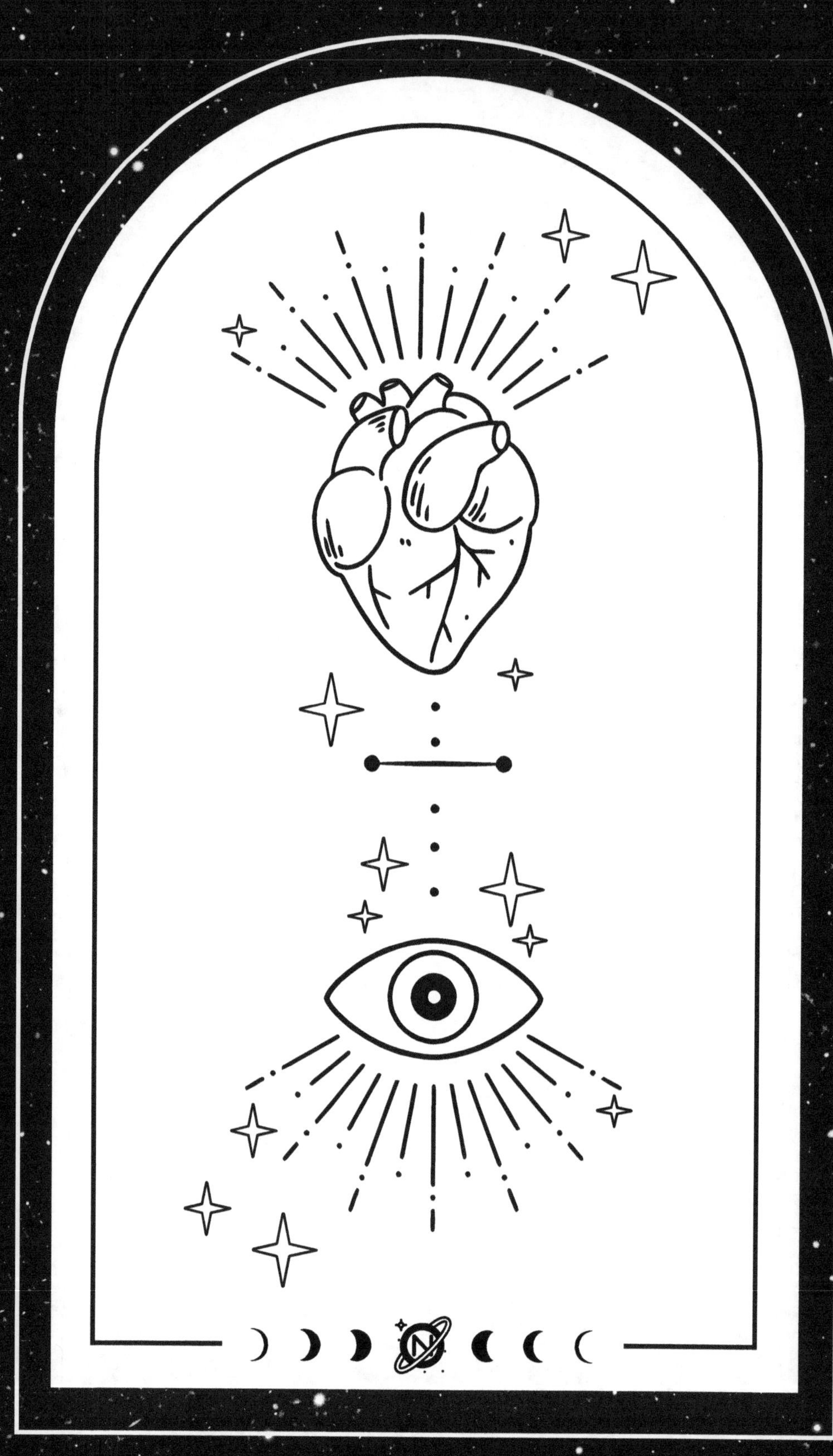

ASTROBITES PARA INTEGRAR TU ENERGÍA

EPISODIO FINAL

Te dejo esta cápsula porque, sea cual sea tu intención con la astrología, estos datos te ayudarán a captar la energía en el día a día.

El Sol, la Luna y tu ascendente son tu tríada sagrada. Es lo primero a atender cuando empezamos este viaje. Son tres puntos básicos que abren la puerta al autoconocimiento:

✦ Tu Sol habla de lo que eres, tu consciencia, presencia.

✦ Tu Luna habla de tu mundo emocional, de lo que te hace sentir satisfecho, atendido a nivel emocional.

✦ Tu ascendente habla de lo que viniste a aprender.

Usa el *journaling* como base para empezar a comprender los ciclos lunares y su implicación en ti. Escribe la fase de la Luna y cómo te sientes para que empieces a observar patrones, reacciones que puedan estar saboteando tu camino de manifestación.

El Sol está presente en todo lo que te inyecte energía vital.

El ascendente venimos a integrarlo a través del equilibrio en su energía. Por ejemplo, en mi caso, vengo a aprender a integrar la energía Capricornio.

La Luna representa tu mundo emocional, tus necesidades emocionales; también es como vemos a mamá. Si nuestras emociones están atendidas en tiempo real somos plenos. Si no sanamos la relación con mamá, el dinero se puede escapar siempre de nuestras manos.

Y ojo que esta sanación puede significar que la figura de mamá no esté cerca, ni en este plano físico.

Como ya mencioné anteriormente, los planetas personales Venus, Marte y Mercurio los usamos todos los días. Son deseo, acción y pensamiento.

Cuando estamos buscando una receta de cocina, nos mueve el deseo, eso es Venus. Marte es la acción, cuando ya empezamos a preparar la receta, cortar ingredientes, etc. Mercurio es pensamiento y comunicación, cómo nos hablamos y hablamos a otros. También es el pequeño mercader, es un mensajero. Integrarlo es lograr un pensamiento fluido, que no sea víctima de las emociones, pero que tampoco opaque el sentir del corazón.

Cuando está retrógrado es como cuando estamos en edición. Cuando está directo estamos en plena grabación.

Como ya sabes, los planetas más lejanos, Júpiter, Saturno, Urano, Neptuno, son de influencia más colectiva y son generacionales.

Cuando escuches hablar de oposiciones entre los cuerpos celestes, fíjate en tus relaciones. Este es un aspecto totalmente relacional, que plantea dos bandos frente a frente, en busca de un punto de encuentro. Considera las casas astrales opuestas para saber en qué áreas se activan esas tensiones.

Somos un poco de los doce signos, no te encasilles. Por ejemplo, Mercurio es más jodedor en sombra, estacionario.

De la astrología tradicional toma lo que te resuene. Yo le agradezco mucho sus bases y fundamentos. A partir de ellos, voy creando mi propia interpretación.

✦ ***Extra bites:***

La rueda zodiacal es como un círculo cromático, por lo tanto, los signos siempre tienen un complementario, y de esta forma nace un axis.

Axis nodal es donde están los nodos lunares del karma.

Las cuadraturas son tensiones que te llevan a la acción.

Las oposiciones son excluyentes. Son un aspecto que marca las diferencias.

Los trinos son energía tan fluida que puede pasar hasta desapercibida.

Un sextil es armonía y energía que se potencian entre sí, para llegar más lejos.

La obsesión te drena, la pasión te eleva.

El nodo sur puedes vivirlo a diario y no por ser familiar, o sentirse conocido, es bueno.

Toda energía es nuestra hasta ser redirigida, tú decides la dirección.

En días de muchas alineaciones, las del Sol y la Luna son las más importantes.

Neptuno muy fuerte en la carta puede ser de cuidado.

Los inicios del ciclo entre el Sol y Marte son cuando estos dos se oponen, no como todos los demás en astrología que se dan en la conjunción, en la unión.

Urano es la octava mayor de Mercurio. Es un poco nuestra mente superior, por lo que va íntimamente ligado con nuestro sistema de pensamiento, préstale atención siempre.

La temporada de eclipses es siempre un periodo de mucho movimiento. A veces puedes sentir que estamos pasando por un colador.

Cuando el Sol y Mercurio se unen es un momento de claridad.

La casa 7 es la pareja, opuesta a la 1 que es la casa del Yo; lo que sucede en esa zona de tu carta puede ser manifestado a través de la pareja.

Nacer con planetas retrógrados implica procesos que se viven de manera muy personal, una movida interna y a su propio tiempo, su propio ritmo.

Toda cuadratura a Júpiter es expansiva.

La retrogradación es un efecto visual.

El retorno nodal es un reajuste complicado y, algunas veces, doloroso.

Cuando Urano está muy activo o cambia de dirección, se hace sentir, sobre todo, en lo colectivo. Y la Tierra habla a través de sus propios movimientos (fenómenos naturales).

EPÍLOGO

Gracias por llegar hasta aquí, por tu presencia, y por recibir con atención e intención todo lo que te compartí acá.

Me despido con un mensaje canalizado en plena etapa de corregir y trabajar en los insumos gráficos de este libro, y que sé que te será de ayuda siempre que lo necesites.

Nuestro sistema de creencias determina la vida, la realidad y la calidad de este tan importante 1% donde vemos, con inmediatez, lo que ha tomado su tiempo dentro de nosotros, en ese 99%.

No descanses en el andar que te hace mirar adentro. Todo lo que sucede, nos guste o no, es una invitación a conocernos, a cambiar, crecer y evolucionar.

Recuerda que la verdadera transformación comienza cuando decides reaccionar distinto ante el mismo estímulo.

¡Vuela! Y aléjate de lo que te sumerge en la oscuridad.

Suelta y confía.

P. D.: si hay alguna palabra o expresión venezolana que no se haya comprendido bien, pregúntale a un amigo venezolano cuál es su significado o interpretación.

O escríbeme directamente a mí.

"Las puertas de la sabiduría y el aprendizaje están siempre abiertas. Las barreras, bloques, obstáculos y problemas personales, son maestros dándome la oportunidad de moverme del pasado a la totalidad de posibilidades".

LOUISE HAY

SOBRE LA AUTORA

Venezolana residenciada en Miami, mezclando pasiones en la ciudad del sol desde 2015.

Escorpiana, emprendedora, diseñadora gráfica, escritora, astróloga, mamá y esposa.
(El orden de los factores no altera el producto, je je).

Llegamos tres, hoy somos cuatro.

De esa mezcla de pasiones nació *#NinaOpina.* Un espacio donde comparto mis experiencias, herramientas y conocimientos astrológicos; un espacio sostenido por mi necesidad de escribir y comunicar, que me sirvió como vía para llegar a más personas.

La astrología siempre estuvo presente, pero en el 2013 es cuando empiezo a estudiarla de verdad, a vivirla y a experimentar sus beneficios.

En el 2017, comienzo a ejercerla a través de sesiones de *coaching* astrológico en las que también integro otras herramientas espirituales como los registros akáshicos, la meditación con cristales, el *journaling* y arteterapia.

Y después de toda una vida laboral en Venezuela, diseñando y diagramando libros, finalmente hoy vivo el proceso desde el asiento de autora y he disfrutado cada momento.

Si te gustó la lectura de mi primer libro, te invito a dejarme una reseña en la página de Amazon. Eso sería de gran ayuda para su difusión.

Gracias, gracias, gracias.

*Este libro se terminó de crear y diseñar
durante Mercurio retrógrado y temporada de eclipses;
gracias a eso, todo se alineó y el Universo conspiró
para que fuese una realidad este 2023.*

www.ingramcontent.com/pod-product-compliance
Lightning Source LLC
La Vergne TN
LVHW020511100826
845148LV00003B/759

9798987174432